我们一起解决问题

ウケる人、スべる人の話し方

即兴表达

[日] 渡边龙太 著
胡学敏 译

轻松掌控 关键时刻

人民邮电出版社
北 京

图书在版编目（CIP）数据

即兴表达 : 轻松掌控关键时刻 / (日) 渡边龙太著 ; 胡学敏译. -- 北京 : 人民邮电出版社, 2021.7
ISBN 978-7-115-56274-6

Ⅰ. ①即… Ⅱ. ①渡… ②胡… Ⅲ. ①语言艺术—通俗读物 Ⅳ. ①H019-49

中国版本图书馆CIP数据核字(2021)第057737号

内容提要

在充满个性化和竞争的时代，即兴表达已成为一种说话艺术和交际利器。掌握其中的技巧不仅可以激发你的演讲才能，让工作与生活变得轻松惬意，更能让你在流量时代用表达赢得信任，在个性化时代用表达崭露头角。

即兴表达不仅靠天赋，它还有科学的“算法”。如何掌控时间，把握说话的分寸和时机？怎样刻意练习幽默感，让说话妙趣横生，给人留下深刻印象？如何领略说话的精髓，悟透说话之道，在公开演讲时脱颖而出？本书列出了一份独家即兴表达清单。这份清单涉及思维模式、交流技巧、措辞方法、应变能力等主题，包含7个即兴力不等式、10个即兴表达思维模式和7个不同场景中的应变能力等内容，真正从表达的底层逻辑上系统解决每个人都可能面对的表达难题。

没有人能仅仅依靠天赋就提高自己的表达水平、彰显个人能力。要想改善与他人的沟通方式、协调人际关系，本书可以助你一臂之力。

◆ 著 ［日］渡边龙太
译 胡学敏
责任编辑 谢 明
责任印制 胡 南
◆人民邮电出版社出版发行 北京市丰台区成寿寺路 11 号
邮编 100164 电子邮件 315@ptpress.com.cn
网址 https://www.ptpress.com.cn
北京鑫正大印刷有限公司印刷
◆开本：880×1230 1/32
印张：7 2021 年 7 月第 1 版
字数：150 千字 2021 年 7 月北京第 1 次印刷
著作权合同登记号 图字：01-2020-4637 号

定 价：59.80 元

读者服务热线：（010）81055656 印装质量热线：（010）81055316
反盗版热线：（010）81055315
广告经营许可证：京东市监广登字20170147号

前言

首先，我想请大家比较一下 A 和 B 这两个人对即兴表达的看法。

A：这家伙听了这个段子都不发笑，真是迟钝啊！

A：与其聊那件事，咱们不如说说这件事……

A：我把有意思的话题都抛给他了，可他的回应也太无聊了吧！

A：快点接上我的话题啊！我感觉好像冷场了……

B：该怎么聊这个话题才会让人觉得有趣呢？

B：原来是这样啊！要是我的话就可能会这样说……

B：原来这个人喜欢讨论这样的话题啊！

B：啊？难不成我“把天聊死”了？

大家有何感想？如果要问A和B这两个人谁是不会表达的人，估计大多数人都会回答：“当然是A。”

可以说，A就是“外行演说家”。这种人总会强调“这里应该这样说”“结尾应该那样说”，俨然一副说话达人的样子。然而，大家却对他望而生畏，想和他保持距离，有人索性把他看作“话题终结者”。

B则是我们身边会聊天、会表达的人。也许，这种人对于搞笑并非特别在行，对于所谓“聊天秘籍”也同样一无所知。但是，大家只要和他聊天就会感觉特别投机；在所有人的心目中，他就是会表达的人。

遗憾的是，我们身边的很多人都属于“外行演说家”或“话题终结者”，真正会说话、拥有即兴表达力的人却寥寥无几。

最近，日本社会出现了“即兴表达热潮”，无论在哪个领域，即兴表达力都是现代人不可或缺的能力。表达，尤其是即兴表达已成为一种说话艺术和交际利器，掌握其中的技巧不仅可以激发你的演讲才能，让工作与生活变得轻松惬意，更能让你在流量时代用表达赢得信任，在个性化时代用表达崭露头角。

在此背景下，大家有了很多机会通过电视收看各种各样的脱口秀节目。于是，出现了一群“门外汉”，他们对于说话和聊天的技巧都只有浮于表面的理解。

最近的一项职业调查报告表明，交流与沟通能力已成为考查日本企业新职员的第一要素，现代职场对于即兴表达力的要求比以往任何一个时代都高。

因此，为了让别人觉得自己说的话有意思，很多人一味模仿脱口秀演员的说话方式，其实他们只是在鹦鹉学舌。于是，“外行演说家”便越来越多。

需要指出的是，在日常生活中，我们普通人的表达方式和电视节目中的脱口秀演员的表达方式是截然不同的。有很多人想通过学习脱口秀演员的说话技巧来提高自己的表达水平。其实，对我们普通人而言，那些谁都能说出来的简单又朴素的话语反而会让人觉得妙趣横生、别有一番滋味。

尽管很多人绞尽脑汁、千方百计地想提高自己的表达力，然而他们却没有即兴表达的意识，不知道正确的方法和技巧，无论怎么努力都只是白费力气，最终变成那个“把天聊死”的人。

会表达的人会选择使用简单而朴素的语言。为何我会这样认为呢？因为我有这样的经验和教训。其实，我也曾经历过“外行演说家”这个尴尬阶段。

我在读高中的时候，立志要当一名脱口秀演员。当时，我俨然成了一个段子手，并且一直秉持这样的信念——只有夸张的表达才是有趣的。

结果很明显，像我这种“外行演说家”的段子是不可能受欢迎的。

也不知道为什么，那个时候屡试屡败的我坚信“为了让别人关注我的话题，我必须学习更加夸张的表达方法”。于是，为了实现这个梦想，我决定去美国留学。

初到美国时，一切都毫无起色，我有时也想过干脆放弃梦想回日本。可是，机会总是出现在不经意间。也正是在那个时候，我有幸接触到“即兴力”这个概念，即能根据不同场合的具体情况，通过即兴讲话或随意聊天把气氛调动起来的表达能力。

说起这个，我曾有一次难忘的经历。当时，我只是按照即兴培训师指导的方法去表达，一个美国人听到了，他突然笑出声来。

但是，说实话，作为说话人，我并没有觉得我讲的话题多么有意思，我说的只是非常简单、谁都能说出来的话而已。

尽管这样，周围的人听了，还是异口同声地说：“太有意思了！”

在此之前，我一直都以标新立异为表达的最高宗旨，这次经历却让我觉得豁然开朗。那一瞬间，我才意识到这样一个事实——大多数人都更愿意接受平实而简单的表达。从那以后，我便开始在美国正式学习即兴表达的技巧。

即兴表达法是一套任何人都能掌握的方法，是科学的、严谨的。即兴表达并非只和天赋有关，它有自己的“算法”。怎样把握说话的分寸和时机？如何领略说话的精髓，悟透说话之道，在自我介绍和公开演讲时脱颖而出？我们完全能够通过掌握正确的方法和进行刻意练习掌控表达，让即兴变得有备而来。

我们可以通过大数据系统计算得出让人觉得有意思的即兴表达的逻辑范式，我已经将这些范式全部输入大脑。

得益于此，回国后，我虽然没有成为一名脱口秀演员，却成了日本广播协会（NHK）的导演兼作家。目前，我也积累了一些指导专业脱口秀演员掌握讲话技巧的经验，并开设了面向普通大众的即兴表达讲座，取得了一些成绩。

我之所以成功，是因为我确立了一套方法。通过这套方法，我们能正确地把握“演艺世界里的表达模式”和“生活中的表达模式”这二者之间的区别，能把普通人变成会即兴表达的说话达人。

在本书中，我会深入浅出地介绍有关即兴表达的技巧和经验，以及让普通人都能学会轻松搞笑的方法。

不过，我不会像一些书中讲的那样，教你频繁地使用某些特定词语和表达套路。我会落实到即兴表达思维上，而这种思维是任何人都可以轻松学会的。

从另一个角度来讲，为了实现轻松表达，了解为什么会冷场也是很重要的。我认为仅仅向会表达的人“取经”是不够的，我也会审视说话容易冷场的人的思维，分析他们的讲话模式，思考为什么这样表达就不行。

因此，本书将对会即兴表达的人和不会即兴表达的人进行全流程对比，阐述二者在表达思维上的不同。

在此之前，无论你被别人认为多么不会说话都不必放在心上。只要你有改变的意愿，有学习的欲望，那么有这本书就足够了。

最后，我想说我们正处于一个彰显自我的时代，伴随社会的飞速发展和快节奏的生活，每个人都将时刻需要在特定的情境和主体的诱发下，自发或被要求不凭借文稿即兴完成口语交际活动。可是你真的能够自如地通过即兴表达掌控全场，把握人生的高光时刻吗?

读了这本书，不同的即兴表达思维就会一目了然。我希望大家阅读完这本书后，能够在人生的重要场合时来运转、掌控局面，度过愉快的每一天。

即兴表达“三板斧”：如何阅读本书

1. 会“唱”更要会“和”

正如我在前言中说过的，大多数不会说话的人都是“外行演说家”。他们当中有一大半人喜欢对别人的发言评头论足，在说话时喜欢做“逗哏”，总想以“唱”取胜。实际上，在当今社会，擅长“唱”的人很多，而会巧妙地“和”的人却“供给不足”。因此，我在这本书中想和大家分享表达自我和与人沟通中的“和”的技巧。我会为大家提供好学好用的“捧哏”技法，希望能帮你成为一名受欢迎的表达达人！

2. 别人觉得有趣才是真正有趣

会表达的人都有一个共识，他们认为听的人觉得有趣才是真的有趣。这一点是即兴表达的最高准则。因此，他们并不在意自己是否认为自己的话有趣。或者可以说，他们时常在意的是什么才是听众觉得有趣的。就像“咖喱妈妈”特别会做小孩子喜欢的超甜咖喱一样（虽然并不合大人的口味），我们在讲话时也应该找准听众定位，把焦点放在他们的喜好上。

3. 不要在乎失败

学会表达是一个循序渐进的过程，任何人都不可能只用几天的时间就升级为会说话的人，时不时的失败也是必要的。因为只有你深切体会到这样做是会失败的，才不会犯同样的错误。因此，要成为说话有趣的人，失败的教训也是非常宝贵的。

目录

01 基础 | 7 个即兴力不等式：即兴表达有算法

02 思维 | 10 个即兴表达思维模式：构建底层即兴思维系统

03 交流 | 10 个交流技巧：表达需要输出也需要输入，是一个不断迭代的过程

04 方法 | 11 种措辞方法：抑扬顿挫才能神采飞扬

05 实践 | 7 个应变能力：适时调整，因临场环境不同而变化

.01 基础

7 个即兴力不等式：即兴表达有算法

不等式 1
关注“人”>关注“段子”

会表达的人 | 关注面前的那个人

不会表达的人 | 关注手里的那份稿子

我想给阅读本书的朋友推荐一句名言，从现在起，你们可以把它当作自己的座右铭。这就是著名演说家TAMORI先生的名言：“打了鸡血的那个家伙快走开！”

TAMORI 先生的意思是：每天浑身充满干劲的人往往只会关注事物的中心环节，而找不到观察事物独特的视角。但是，有些人会发现身边微不足道的有趣的事物，并能从这些事物中找到灵感。而只看得见事物中心环节的人是完全体会不到这一点的。

大多数不会表达、说话无趣的人都难免犯这个错误。他们说话越充满激情，越让听众觉得尴尬。究其原因，我发现他们的关注点只停留在措辞和段子的内容上，而忽略了该如何审时度势、营造良好的说话氛围。

说实话，我也曾经陷入这种误区。我在 18 岁时，想去专业脱口秀学校看看。于是，我想办法得到了一个参加专业脱口秀学校研讨会的机会。

当时，我满脑子都是如何引起众人关注、博得满堂彩。记得在自我介绍时有个“编段子”的环节，我就和它“死磕”上了，一直冥思苦想、无法自拔。

我还记得那天我自信满满地走进教室。我用极快的语速介绍自己：“大家好！我是渡边龙太，大家都说我擅长模仿。请多多关照！”接着，我刚缓过一口气，便用快要窒息的声音说道：“大家好！我是田中真纪子。这个外务省啊，就像伏魔殿一样。唉，简直就是啊。哈哈哈……”

我使出浑身解数，驱使着自己的声音、手势和表情，竭尽全力地进行着一场模仿秀，想努力演好当时的人气政治家田中真纪子。

然而，没想到我的模仿秀表演结束后，整个教室竟然安静得可怕。“明明平日里我的同学们都觉得很搞笑啊！”我感到无比惊讶和尴尬，于是，我把本来就很小的声音压得更低，草草收场，回到了座位上。

留意眼前每一个人的反应

为什么我会演砸？原因就在于我并没有留意眼前每一位听众的反应。

失败的原因是显而易见的：因为我太想逗大家笑，所以只关注“到底编个什么段子好呢”这件事了。

实际上，这道题是有标准答案的。会表达的人常常关注的是眼前人的反应。这正是 TAMORI 先生所讲的“身边的事”。有丰富的即兴表达经验的人会认真观察这个场域中的听众的连锁反应，他们懂得把控表达的节奏，当捕捉到轻松愉快的氛围的苗头时，才会继续推进话题。

换句话说，我们在进行自我介绍这种输出性即兴表达时，要想掌控场面，就得时刻留意眼前每一个人的反应。

拿刚才的例子来说，当我说到自己擅长模仿时，就有必要关注在场每一个人的反应了。

这时，听众总会给出某种“肉眼可见”的回应。例如，他们可能表现得很感兴趣，也可能无动于衷。

在捕捉到听众身体语言的这一瞬间，你的脑海中一定会出现这样的“弹幕”：“原来大伙儿并不是那么期待”“大家好像不爱听，怎么办？”如果这时你能释放一个友好的信号，例如，你可以说：“看起来大家都不太感兴趣啊！但是我想只要您能坚持再听一会儿，一定会明白我的意思。”

恰恰是这一句话，就可以把此时此刻的听众与你连接起来。听众和说话者之间的内在关系也因此得以构建。我们通过这种友好的连接，打下了顺畅表达的基础。

听众也需要心理预设，如果完全按照自己的节奏仓促地抛出包袱，而不给听众一点心理准备，就很可能以冷场告终。

多聊一句

人比段子重要，请你一定记住这一点。

即兴达人说

打了鸡血的那个家伙快走开！

不等式 2
制造话题 > 等待话题

会表达的人 | 不断制造新的话题

不会表达的人 | 等待别人抛出新的话题

说起自带喜感的著名脱口秀演员松本人志，他可是一个不折不扣的即兴达人。在大喜利[①]节目中，他的那些出人意料的"'逗哏'式"聊天常常让电视机前的观众捧腹大笑。

其实，就算天赋异禀的松本先生，也不是每一次都能取得立

① 原为相声表演结束后的助兴环节，后来有了形式上的变化。现在的形式是：应观众要求，表演该场相声的演员悉数登台，通过回答观众出的题展示才艺。——译者注

竿见影的表演效果。偶尔几次，当主持人亮出题卡时，场内也会有那么一瞬间陷入难以言喻的尴尬气氛。

但是，即使遇到一时不知如何回答的问题，松本先生也会想方设法圆场。

“哎呀，这个嘛，也有可能，也是很有可能的哦！”

松本先生就这样一边说着不痛不痒的家常话，一边东拉西扯、迅速切换话题，直到把大家逗笑为止。对于这样的一幅画面，大家应该都不会感到陌生吧？

回味之余，我们不妨对松本先生的表达逻辑进行更深一步的分析。松本先生为什么要迅速切换话题？目的只有一个：为了增加即兴表达中的“发球点”，也就是为了引起观众的兴趣而想方设法多说些什么。有经验的人会暗自观察在场观众的表情和反应，并且努力捕捉话题的突破口。

例如，我们可以设想一下这样的场景。几个人聚在一起闲聊，时间设定为一个小时。假设每个人的话题引起别人兴趣的“命中率”相等，那么发言最多的人成功的次数自然也会最多，而他说的话就会给人留下最深刻的印象。

可见，在一场说来就来的即兴表达中，如果你没有找准话题的“发球点”，那么是无论如何都不会引起大家关注的。

话虽如此，对于大多数人来说，都难以做到像松本先生那样“死缠烂打”地增加说话的“发球点”数量。但是，我们可以分析自己找不准“发球点”的原因。

无法找准话题的“发球点”的 3 个原因

一般情况下，我们在一次即兴表达中找不准话题的“发球点”的原因有以下 3 个。

1. 因为有比自己更加“吸睛”的人，所以没有插嘴的机会。
2. 因为不太了解对方，所以说话很谨慎，不敢轻举妄动。

3. 因为有过冷场的失败经历，所以心有顾虑，不敢轻易抛出新的话题。

以上 3 个原因看似有不同的视角，但是都反映了即兴表达者的普遍心理：缺乏立即行动的勇气。

在我开设的即兴力培训课堂中，每当有学生遭遇类似问题，我都会向他们详细地说明立即行动的重要性。

或者我们可以这样给自己打气：反正也有比我更厉害的人在场，我如果不去尝试必定比不过他，还不如豁出去试试看！

反过来想，正因为我们不太了解听众，才要果断采取行动，以攻为主。只有不断地迂回话题，不断地试探对方，你才会知道怎么做能引爆全场，怎么做会遭遇冷场，从而找到能够解锁对方话题的密码。

退一步而言，当你失败过一次以后，也就不那么惧怕失败了。所以，你有理由抛去杂念和顾虑，马上行动起来。

最后，我要提醒大家：就算再次遭遇冷场，你也至少能捕捉到这样一个新的有效信息——讲这个话题会冷场。因此，在送别每一期的培训班学员时，我都会真诚地告诉他们："如果你真的没有自信，那就反其道而行之，至少来 5 次冷场吧，把自己打造成'冷场王'也未尝不可！"

多次尝试之后，你会发现：总有一次尝试会让你得到启发，总有一个"发球点"会被你成功捕获。只要成功一次，你也许就会开心地说："渡边老师说得对，挑战一下没什么不好！"——我经常会收到这样的反馈。

因此，要想掌控局面、引爆全场，就要想办法增加话题的"发球点"，也一定要有"知其不可为而为之"的冲劲儿。

多聊一句

好的话题不是等出来的，而是碰撞出来的。

即兴达人说

与其沦为"小透明"，不如当一回"冷场王"。

不等式 3

构建对等关系 > 制造亲疏关系

会表达的人	和听众拉近关系
不会表达的人	和听众拉开距离

- 我对你们忍无可忍了！
- 你们是要杀了我吗？我要告你们！

第一句话是出川哲郎的口头禅，第二句话是上岛龙兵的口头禅。这两个人都是日本颇有人气的谐星，他们是流行整蛊节目中的常驻嘉宾。大家知道这两个人的话术有什么共同特点吗？我可以告诉大家：抛开上下级关系，构建对等关系。

如果把整蛊现场设定在学校或公司这种明显有上下级关系的场所，被上级“欺负”的人是绝不会说出“我对你们忍无可忍了”“我要告你们”这种话的，因为这是没有尊卑之别和亲疏之分的同级之间才会进行的对话。

在绝大多数情况下，被“欺负”的人都会说“请你饶了我吧”“不是真的吧”这样的话。而这样的话一说出口，这个场合中的上下级关系就一目了然了。

但是，像这样维持着上下级关系的整蛊，会给被整的人和旁观者带来很不舒服的感觉。因此，在某种场合下，尤其是较为轻松、随意的场合下，建立让双方能够平等对话的关系，是非常必要的。

我们要做出夸张的反应

在此，我想进一步详细阐释何谓对等关系。在一次妙趣横生的即兴聊天中，往往存在这样的倾向——过程性的对等关系会被迅速构建起来。

打个比方，几个人在打保龄球。如果有人打得好，在击中的那一瞬间，就会得到别人的赞扬："好球！""干得漂亮！"于是，过程性的对话便开始了。接着，他们会互相夸张地炫耀得分，或者为失分而懊恼不已——有趣的交流便会这样进行下去，同时，他们相互之间也成功构建了过程性的对等关系。

在此过程中，我们有时有必要做出夸张的反应。或者可以这样理解：如果你想进一步推进话题，就先试试做出夸张的反应，以引起别人的注意。

例如，某个人在进球后，表现得特别兴奋。这种兴奋的夸张化表现便是一种暗号，很有可能意味着他正在向你寻求某种愉快的互动。顺便说一下，在小品和相声这种互动性极强的表演中，几乎所有的对话都要有这样的过程性展开，才会显得生动有趣。

那么，如果几个无趣的人在一起打保龄球，会怎么样呢？估计难免会构建一种疏远的关系，场面十分尴尬。

因此，在一场对话中，尤其当你处于优势地位（上级）的情况下，若想规避这种上下级关系式的“尬聊”，就要有意识地快速构建过程性的对等关系。记住，从我做起，做出夸张的反应，打破疏离和隔阂。

多聊一句

重视过程性的对等关系。

即兴达人说

从我做起，做出夸张的反应，打破疏离和隔阂。

不等式 4

拉开与对方的间隔 > 聚焦对方的措辞

会表达的人	懂得留有空间
不会表达的人	步步紧逼

在美国学习即兴表达的那几年，我经常遇到这样一种人，他们总是煞有介事地说：“在我们这里是没有‘捧哏’的！”的确如此，在美国流行的即兴表达多数不是两人搭档聊天，而是一个人独占舞台的脱口秀。

可是，作为一个在美国学习过即兴表达和脱口秀表演的“过来人”，我不得不否定这种说法。理由在于，即使在一个人的脱口秀表演中，也不是完全没有“捧哏”的要素。

的确，如同那些人所说，脱口秀确实采用单人表演的形式。可是即便如此，为什么我要说单人表演中仍然有“捧哏”要素存在呢？因为“捧哏”并不仅仅是一个“人设”，而是一种在时间和空间上的恰到好处的间隔。

例如，你记不记得这样的情景：有的人在讲完话后，会皱着眉头，有意识地设置一段沉默的间隔期。

这是说话人巧妙安排的间隔。因为有了这段间隔期，听者会将说话人当作“逗哏”，并在大脑中扮演“捧哏”的角色，从而推动自己准确地把握发言中有趣的部分。

可以这样认为，说话人只要恰当地安排了这个间隔，听者便会抓取到有效信息：“这里就是笑点吧！”于是，听者便会会心一笑。

即使大家觉得你讲的话没有什么意思，故意来找碴儿，你也不必在意。因为你可以把它视作一个很巧妙的间隔、一个很配合的“捧哏”。

尽量使用简短的语言是“捧哏”的本分

当你真正作为“捧哏”插话的时候，请务必记住这句话。你不用考虑太多细节，也不必有过多顾虑，在质疑对方的话的那一瞬间，就请行动起来。

如果要问我“捧哏”最适合说的话是什么，那么我推荐的是“啊”“什么”等简短的语言。

你要是留意综艺节目便会发现，参加节目的艺人相当高频地使用这些简短而明快的话来快速推动话题。

提醒大家一下，那个在我们印象中经常一边吐槽对方，一边极力扮演“捧哏”的浜田先生，也常常用“啊”“怎么回事”这种短小精悍的句子。

请再回忆一下，《真的假的 TV》中明石家秋刀鱼（鱼叔）在准备打趣台下评委时，抛出的头一句话也必然是这类简短的话。

其实，鱼叔曾被年轻艺人问过：“作为‘捧哏’，什么才是最重要的呢？”当时他在电视里大声地回答：“空档呀！”

总之，对“捧哏”而言，用强硬的语气驳斥对方就好比足球比赛中的“过头球”——虽然吸引眼球，能给人留下深刻的印象，但也绝不是每次都能成功的。

因此，如果你想拥有千里挑一的有趣的灵魂，用幽默掌控谈话，那就不要想太多，用只言片语也能表达自己当下的情绪。也只有这样，才能自然而然地构建一种“你一言我一语”的交互式对话模式。

多聊一句

对“捧哏”来说，“空档”即是一切。

即兴达人说

尽量使用简短的语言是“捧哏”的本分。

不等式 5
跳入别人的话题 > 守住自己的话题

会表达的人	肯定他人的想法
不会表达的人	只顾推进自己的话题

在即兴表达培训班上，我以“随便聊聊天吧”为主题，在设定角色和场景的情况下，让学生进行即兴对话练习。

但是，初学者常常会进行下面这种对话（身份设定为亲子）。

儿子：妈妈，我摔了一跤，受了重伤！

妈妈：啊？不严重吧？别说这个了，你做作业了吗？

儿子：做了，可是现在说什么作业呀。我的脚好疼……

妈妈：别担心啦！作业都做完了吗？给我看看。

这种类似的亲密关系间的对话随处可见。从专业的角度分析，听话人（妈妈）的表达并不理想。首先，说话人（儿子）抛出“受重伤”的话题，但是听话人却无视这一设定，自己另起“作业”这个新的话题。然而接下来，说话人再次回到“受重伤”的话题，听话人仍然没有抓住机会，应付了一句，便又扯回到“作业”的话题。

这只是一个极端的例子。乍一看很好笑，但仔细想想，有时我们也在制造类似的对话模型。像这样，将对方想说的话题掐灭，全部按照自己的意愿说话的人，就是不会聊天的人。我们首先要接纳对方的话题。会表达的人一开始就会肯定对方的话题，他们不会严格区分别人和自己的话题，而能够巧妙地捕捉住对方的想法。

上述母子之间的即兴聊天，如果换成可以带入对方话题的人来推进，就会变成下面的样子。

儿子：妈妈，我摔了一跤，受了重伤！

妈妈：我的天哪！怎么流血了？快用这个手绢止血！

儿子：疼死啦！不要碰我！

妈妈：必须马上止血啊！不碰你的话，你的小命就保不住了！（笑）

像这样，在对方给出的想法上，添加自己的想法，如果以这种方式展开话题，双方相互之间都是无法预测接下来的内容的。正因为如此，我们就会越发想说，越发想听后面会怎样，这样的聊天自然会产生不少话题点。

如何在话题互动中建立良好的人际关系

面对突发情况，如何表达自己的真实想法，并在话题互动中构建良好、融洽的人际关系？我有一个诀窍——在对方给出的想法上，添加自己的想法。如果以这种方式展开话题，下文的内容是无法预测的，这样的聊天便会产生新鲜感。具体来说，就是在对方的表述之后，使用表示赞同的话，并加上自己的意见。如此，我们便能将对话继续推进。

这个方法采用了即兴表达的一个基本方法“是的，加上自己的意见”。在即兴表达中，以积极的态度接纳、肯定对方提出的想法极其重要。因此，我们只有意识到这一点，话题才会被一层层地打开。

多聊一句

懂得“是的，加上自己的意见”。

即兴达人说

首先，要接纳对方的话题。

不等式 6
故意制造反差 > 总是就事论事

会表达的人 | 讲意料之外的事

不会表达的人 | 讲意料之中的事

有些话从普通人口中说起来并没有什么特别，但是从有趣的人口中说出，听起来就很有意思——这种情况并不少见。

例如，千原 Junior[①] 常常在电视节目中说起不成器的小师弟那些令人生气的事情，惹得观众捧腹大笑。但是，如果把同样的故

① 原名为千原浩史，日本搞笑艺人，日本搞笑组合“千原兄弟”的“捧哏”担当。——译者注

事拿给其他人来讲，可能就没有那么引人入胜了。

都是在讲同一个人的故事，为什么在表达效果上会产生这么大的差异呢？这是因为，真正掌握表达技巧的人常常是不按常理出牌的。

不会表达的人只会按照时间顺序把事实平淡地讲出来，听者的预想与实际情况并没有太大差距。

其实，我也有一个既好笑又让人头疼的小师弟。如果按照千原 Junior 的风格说一说这个人干过的不着调的事，我想应该是这样的。

大约在 1 年前，我和我那个 30 多岁的年轻小师弟约好一起去旅行。但是就在临出发的前两天，他给我发信息，说去不成了。关键是他的理由实在太奇葩、太不可思议了！

人家说，是因为自己最近独立制作了一部电影（笑），可这也太离谱了吧！

而且，当我问他“为什么突然想起拍电影了呢”的时候，他居然说“因为缺钱啊”这种不着边际的话。

我再次追问他的时候，他说：“我感觉自己可以获得电影制片人大奖，可是却一直干着与电影毫不相干的工作，于是自掏腰包，拍摄了人生第一部电影！”

可他没想到做起来比想象的难太多，搞得自己连旅行都去不成了，简直尝遍了世间万般苦啊！

顺便说一句，据说我这个小师弟最终不仅没有拿到奖金，还搭上了不少的制作费。

判断听者的预想与实际情况之间的差距

总而言之，我们要有出其不意的引人注意的绝招。我们要试着丈量听者的预想与实际情况之间的差距。

从根本上说，出其不意与引人注意这两件事是非常接近的。

因此，不管怎样，只要你能让对方发出“啊”这样的疑问，就说明你被关注了。

拿上文的例子来说，说话人最开始就抛出“旅行爽约”这个话题，这自然会让听者不禁想象爽约的原因。

重要的是接下来的话："关键是他的理由实在太奇葩、太不可思议了！"

这样一说，就会给听者创造想象的时间和空间："难道不是因为家里出了什么事吗？那么这个奇怪的爽约理由究竟是什么呢？"

随后，这个理由就被挑明了——是因为他最近制作了一部电影。

恐怕没有人能够想到这个理由吧。因此，这个"出其不意"也就起到了轰动全场的效果。

他接下来的每一句话都不按常理出牌，出乎听者的意料，现场笑声不断。

问：拍电影的理由是什么？

答：因为缺钱。

问：啊？！拍了电影就会赚钱吗？

答：嗯，不过我还是第一次拍电影。

问：啊？！

案例中划线的句子有其具体的功能，即给听者充足的时间考虑“你的预想是什么”。

在必要的地方留出时间和空间，从而激发听者的好奇心，引导他们去猜测接下来的情节将会如何发展，这一点在即兴表达中是很重要的。因为如果在听者猜测之后，说话者再向其揭示出人意料的情节发展，那么这时听者的惊讶程度必定成倍增长。

要想将自己经历的事很风趣地讲出来，那就一定要牢记：在抖出你的包袱之前，你得让对方先猜一猜。只有这样，你的讲述才会妙趣横生。

多聊一句

在必要的地方留出时间和空间，激发听者的好奇心。

即兴达人说

在抖出你的包袱之前，得让对方先猜一猜。

不等式 7
坦率真诚 > 闪烁其词

会表达的人 | 说真话

不会表达的人 | 说假话

大家看过 NHK 的《与鹤瓶的家人干杯》吗？这是主持人笑福亭鹤瓶在街上随机采访路人的节目。

在节目中，鹤瓶会拉住那些说话特别会迎合别人的路人，面对镜头说道：“朋友们，别看这个人现在这么说话，其实他在公司可是个很厉害的老板哦！”

鹤瓶的表达方式和那些只是想搞怪的艺人不一样：他的表达

不虚假，他只是把自己的感受坦率地表达了出来，所以会很容易引起听者的共鸣，说到他们心里去。

因此，能坦率地说出自己的感受，是成为擅于表达的人的必修课。

然而，在我看来，对于这样大咖级艺人的“坦率”，很多人是有误解的，具体来说主要有以下 2 点。

- 第 1 点误解：这些大咖艺人的演技高超，他们最擅长把假的说成真的。

当然，能把假的说得跟真的一样是一门相当高级的技能，能做到的人并不多。大多数说话达人经常使用的技巧是把自己内心真实的感受坦率并准确地表达出来。

- 第 2 点误解：他们是说话达人，因此没有必要撒谎，想说什么就可以说什么。

但是，这难道不是把因果顺序搞反了吗？只有练就将自己最真实的感受坦率并准确地表达出来的本领，才能成为说话达人。因此，为了成为说话达人，请自动绕开谎言和编造。

那么，我们再来分析一下，为什么大家不喜欢说话有水分的人呢？

实际上，在任何一个即兴表达的场合，我们都有必要让整个表达过程清晰明了，而不要让听者感到疑惑。

深挖话题，详细询问对方

即使聊天的具体内容、每个环节都被编排得很好，但哪怕让人察觉到一点虚假成分，都会瞬间让听者感到疑惑，甚至产生反感。“咦？这个不对吧？”然后听者就开始走神，或者在心中暗自反驳，自然就不能“走心”了。

另外，如果说话的人迫切地想一鸣惊人，那么他也会不由自主地说假话。

坦诚讲话的诀窍是：信赖你的聊天对象。

聊天是必定存在对象的。因此，如果对方的话中有你觉得有趣的地方，你就可以详细地询问对方。

只要安排好这一互动，大家就不仅会认为你是一个坦诚讲话的人，还会发现你是一个能够激活他人幽默细胞的人，一个能够引发他人共鸣的人。

那么，如果对方总是说非常平淡的话，那该怎么继续谈话呢？

在这种情况下，我们就要深挖兴趣点，试着详细地询问对方“这是怎么一回事呢”。

将一个话题细细挖掘下去，或许你会发现“原来是这么一回事呀”“太不容易了”——这样双方总会在某一瞬间产生某种共鸣。

信赖你的聊天对象，针对自己感兴趣的话题坦率发言，这是达到自然表达效果的最优途径。

多聊一句

不要在自己的发言中加入谎言。

即兴达人说

请信赖你的聊天对象。

.02 思维

10 个即兴表达思维模式：构建底层即兴思维系统

思维模式 1
铺垫简短，结尾精彩

会表达的人 | 话少而精彩

不会表达的人 | 话多而寡淡

大家或许在潜意识中都有着这样的印象吧：

会表达的人说话时铺垫少，结尾精彩；而不会表达的人则话多又无聊，结尾寡淡得让听众不堪忍受。也就是说，听众一边要琢磨着“有趣的点在哪里”，一边还要耐着性子听很久，结果却是虎头蛇尾，草草收场，让人觉得特别无聊。两种表达方式会让听众产生截然不同的感受。实际上，这正是会表达的人与不会表达的人在思维上的根本差异。

话虽如此，恐怕我们大多数人平时几乎不会注意到说话的过程和结尾。为此，我在这里举一些具体的例子，简单解释一下表达的过程和结尾。

下面的这个故事是一个刚刚参加培训的学生讲述的，并不怎么有意思。

刚才，我在便利店发现了一盒还不错的意大利面，犹豫着要不要买，就一直那么看着。这时，从我后面来了一个人，他一下子就把这盒意大利面拿走了。因为只有一盒，所以我特别失望。但不知为什么，那人后来又不买了。虽然这盒面被别人碰过了，我心里有点不舒服，但因为很想要，所以最后还是买了。让我怎么也没想到的是，它味道非常一般。你们说这个故事有趣吗？

如你所见，这段话铺垫很多，而结尾与过程却并没有什么落差，让人搞不懂他原本想说什么——这就是不会表达的人常用的说话范式。

简短的话语会使趣味性倍增

那么同样一段话，让会表达的人来讲，会是什么效果呢？

在此，我模仿彼得武的风格，把铺垫变得简短，让结尾更加有力。

就在不远的一家便利店，我发现了一盒看上去挺不错的意大利面。为了买到它，我差点和我家附近的一个老太婆打了起来。终于，面被我抢到了。我付了钱，马上尝了一口，然后，我流下了久违的眼泪，因为这味道普通得可怕（笑）。

大家感觉怎么样？首先，铺垫部分比起前面那段简短了很多。而且，相对于已经变成争抢美味的超高期望值的铺垫，结尾却是“味道普通得可怕”，这种落差可想而知。

有趣的人讲话一般会很快进入结尾，听者很容易听到结局。那么，如果在其中加入一些与结局有落差的内容，效果会怎样呢？显而易见，引人发笑的可能性会明显提高。

实际上，彼得武先生在演说时就非常喜欢利用类似的有特殊构造的短故事。

不过，为了不让大家误会，我必须说明：请切勿认为只要讲一两个铺垫简短、结尾精彩的故事，就能达到轰动全场的效果。

实际上，只有一边琢磨着对方的喜好，一边时不时地在说话中加入带有这些构造的故事，才有击中对方笑点的机会。

多聊一句

“铺垫简短 + 结尾精彩 + 不断尝试”是第一即兴表达思维。

即兴达人说

思维和结构才是拉开差距的根本。

思维模式 2
轻松搞笑，碾压众人

会表达的人	轻松自然
不会表达的人	用力过猛

有时你会遇到这样的人，他们总说“现在到了搞笑的时间啦”“刚才的那个段子太普通了”，将搞笑的一套理论挂在嘴边。

搞笑的是，这些时常流露出“很懂搞笑感觉”的人其实并非真正有趣的人。这些人一般最多只能逗笑身边的几个好朋友，而在其他人看来却只是说话很乏味的人。

那么，为什么越是想散发出幽默气质的人，就越是给人留下乏味的印象呢？这是因为他们总犯一个错误，认为越会用夸张的话题让人发笑，就越了不起。仿佛在任何一个领域都是如此，只有拥有别人不知道的“猛料”的人，才是这个领域的达人。于是，几个喜欢谈笑的人聚到一起，便产生了一条“表达潜规则”：越是高深的表达技术就越有价值。

我认为，在不知不觉中盲目相信了这条规则的人里面，有很多是松本人志的粉丝。

松本先生创造了一套搞笑规则：只有用别具一格的高深段子来搞笑，才是更具价值的搞笑。

但是，很多人都忽视了一个问题：

这个说话高深的松本先生是从一个叫作“DownTown”的组合里靠搞笑出道的，他的搭档浜田雅功作为“捧哏”，所起到的提示作用不容忽视。

比方说，在松本先生说的话让大家怎么都听不懂的时候，浜田先生就会挠挠头，一本正经地问道：“啊？这是怎么一回事儿呀？”于是松本先生就会详细地解释，直到大家听懂为止。

搞笑达人松本先生尚且需要借助浜田先生的力量，将难懂的内容变得浅显易懂，从而达到搞笑的目的，何况是普普通通的外行？如果我们不将难懂的话题进行处理后再讲出来，引爆全场的概率就恐怕会降至极低了。

普通人要捕获轻松段子

因此，普通人努力的目标应该是捕获轻松段子，让轻松段子随时“为我所用”。

接下来，我打算以鱼叔频繁使用的经典段子为例，进行简单的说明。

鱼叔在电视上试吃东西的时候，总会一边用怀疑的口吻说着“真的好吃吗”，一边将食物放进嘴里，然后马上一脸惊喜道：“真的呢！”他总会惹得大家哈哈大笑。

这样，事先压抑住情感，然后突然释放——这就是经典的搞笑模式。

这个方法很容易掌握，你只要在开始时表示怀疑，然后开心地感叹确认就可以了，这种模式可以用于很多场合。

这样的轻松表达不需要任何前提条件，就可以使人发笑。除了那些把追求“高大上”的高深表达作为信条的人之外，一般人都会认可你的表达能力。

所以，在看电视的时候，要是发现了那种你认为谁都能模仿的、简单易学的“经典搞笑”方法，不妨学来试试吧。

多聊一句

普普通通的经典搞笑就很管用。

即兴达人说

经典的搞笑模式：事先压抑住情感，然后突然释放。

思维模式 3
“无厘头”也可出奇制胜

	会表达的人	加入“歪理段子”
	不会表达的人	只讲一本正经的大道理

大家知道“三明治人”艺人组合中戴眼镜、染黄头发的伊达干生独创的“零卡路里理论”吗?

- 甜甜圈的中间是一个洞，这个形状本来就代表着 0，所以甜甜圈是“零卡路里食物”。

- 油炸包子的卡路里承受不了超过 110℃的油温，所以油炸包子也是“零卡路里食物”。

如上所述，对于任何食物伊达干生都吹捧“无论怎么吃都是零卡路里”的理论，这确实是很棒的“搞笑歪理”。

难道你不打算在自己的即兴表达中加入这样的“歪理段子”吗?

听到这个，可能很多人都会想：“不，我可不行。”但是，这么想的人都低估了自己的能力。

其实，每个人都有着讲“歪理段子”的潜在能力，因为操作起来真的很简单。

请你记住：不要放弃或改变你最初的主张，只需要继续把它正当化。

比如，别人问你：“吃了甜甜圈，会长胖吗？”那你一开始就该一口咬定：“绝对不会的！”

接着，你可以说："无论吃什么，都绝对不会长胖！"总之你要找各种理由去支撑你的主张。

其实，在即兴表达培训中，有一个游戏叫作"是的，就是这样"。这个游戏就是专门用来锻炼"正当化的能力"的，即所谓讲"歪理段子"的能力。

这个游戏设定了一个发问者和一个回答者。发问者向回答者提出一些很无厘头的问题，比如："你是从火星出发，花了很长时间，今天才刚到地球的吧？"

对于这个问题，回答者必须一开始就回答："是的，没错！"然后为了自圆其说，他就得把自己的主张坚持到底。

比如，你可以这么回答："是呀，我就是从火星刚刚来到地球的。虽然现在是冬天，但是火星比这里还要冷，所以我感觉来到了温暖的度假胜地，兴奋着呢！"

讲“歪理段子”的时候，表情越平静就越有趣

顺便说一下，刚才讲的火星故事是我培训班上的一个学生讲的。当时，他丝毫不卡壳、流畅而平静地讲述着，就连在一旁看着的我都被逗笑了。

像这样，把歪理流畅并自然地讲出来，就颇具幽默的效果。

道理何在？其实就是因为讲话人在一本正经地胡说八道，郑重其事地说着毫无价值的事，由此产生的违和感让人倍感有趣。

反过来，如果你嬉皮笑脸地讲歪理，就会失去违和感，自然也不好笑。

实际上，我在培训班上做这个游戏时，几乎所有的参与者都可以用自己的方式来表达。而且，比起那些小型的脱口秀表演，这样做会有更多笑点，所以参与者也感到很惊讶：“原来这么讲也很搞笑呀！”

与此相反，无趣的人讲的话特别无聊，我们不刻意听也会知道都是一些一本正经的大道理。所以，当你在讲着司空见惯的话，快冷场的时候，就赶紧开始一本正经地胡说八道吧，这样引起听众关注的概率会陡增。

多聊一句

与其说无聊的大道理，不如讲有趣的歪理。

即兴达人说

你可以尝试一本正经地胡说八道。

思维模式 4
巧妙迂回是最优方案

	会表达的人	表达形式丰富多样
	不会表达的人	讲话方式太单一、直接

“我呀，如您所见，脸比一般人的都要大！”

有人总喜欢对自己的缺点直言不讳，用这种方法去逗对方笑。的确，对于互不熟悉的两个人，他们初次见面的时候，这么说是奏效的。

但是在彼此熟悉之后，如果你动不动就说：“我的脸可大了！”那会给人一种什么样的感觉呢？恐怕对方会有这样的反应：“是啊，确实，你的脸挺大的……”

本想炫技，却惨遭失败。其实，最开始的表达还是挺有“吸睛”效果的。

这种类型的人只要让自己的表达形式更加丰富多样，就可以成为善于表达的人。

而丰富表达形式的关键，就是不要发“直线球”，而要使用迂回的表达方式。所谓迂回的表达，就是用其他东西作比。

拿刚才的例子来说，我们可以这样调整。

- 人们说我长得像河马姆明，不是因为可爱，而是因为脸大。
- 你说谁有果酱爷爷[①]那样的脸呀？我的脸很大吗？过分了啊！

① 日本经典动画片《面包超人》中的人物。他开了一个面包工厂，会做很多好吃的面包，大圆饼脸上经常挂着温暖的笑容。——译者注

如上所示，在每次即兴表达时，你都可以将下划线部分换成其他人物，这样会让表达更加丰富。哪怕总共只有 3 种人物，只要轮流使用，都不一定会让人听腻。

越是高手，就越会频繁使用迂回的表达技巧

实际上，专业的脱口秀演员会非常频繁地使用这种迂回的表达技巧。甚至可以说，那些在电视上频频出现的艺人如果不会迂回的表达，基本上都接不到活儿。

如果要举出一个善于运用这种迂回表达技巧的人，我想非彦摩吕先生莫属了，他是有名的美食主播。彦摩吕先生有一个绝妙的介绍美食的方法，他无论看到什么好吃的东西，都会对着镜头夸张地说："××（食物的名称）的宝石箱子呀！"

大家发现了吗？这就属于一种迂回表达。如果非得按照"直线球打法"来说话，那么彦摩吕先生除了"看上去真好吃"之外，就真的无话可说了。

彦摩吕先生每天都在做美食推介，他为了不让观众因接收到相同的信息而感到厌倦，就只能频繁使用迂回的表达方法。

让我们具体看一看彦摩吕先生的迂回表达吧。

- 香料的修学旅行呀！
- 蔬菜的六国会议啊！
- 虾的最高级形态呢！

无论他用哪一种表述，总之都在表达着“好吃”这个意思。但是，只要他使用这样迂回的表达，就会让别人百听不厌。大家明白这个道理了吗？

多聊一句

有趣的人风格多变。

即兴达人说

高手会频繁使用迂回的表达方法。

思维模式 5

三个回合论胜负

会表达的人 | 说话循序渐进

不会表达的人 | 常常口出狂言

无论是现在还是从前，在一群小孩子中，谁要是突然冒出一句“我要便便”，肯定会有孩子哈哈大笑。但是，随着我们慢慢长大，就不再开这种玩笑了。

尽管如此，在成年人的世界中，有些无趣的人虽然从叫嚷“我要便便”的水准“毕业”了，但还是会冷不防地说些离谱的话，本想变得有趣却事与愿违。

别看我现在这样说，其实我曾经也是个冒失的“便便少年”，而且直到现在还偶尔会犯这样的错误。

举个例子，有一天我和同事聊起了最近特别流行的一款酒。

我说：“前几天，我在一家烤肉店喝到一款米酒。哎呀，真是太好喝了！那味道有点像变质的乔亚[①]。”

当时有几个人被我的话逗笑了，但其中一个女生露出了厌恶的表情，说：“呃，好恶心……”。果然，唐突地使用一些反常的表达方式还是会让某些人无法接受。

实际上，如果你一定要使用这种反常的表达方式，那么我想给你推荐一个法则——三个回合定胜负。

我反省了自己的说话方式，等到再与其他朋友说起同样的话题时，我试着用这种感觉去讲：

“前几天，我在一家烤肉店喝到一款米酒。哎呀，真是太好喝了！发酵得非常好，有点像甜酒，又有点像酸奶。如果再准确一

① 日本某酸奶公司旗下的一款酸奶产品。——译者注

点说，有点像变质得恰到好处的乔亚的味道。”

如此一来，前面有了甜酒、酸奶的铺垫，再使用“变质的乔亚”这个表达，听者就不会产生负面的感受了。

与其贸然地使用反常的表达，不如分为三个阶段，在第三阶段使用反常的表达，这样听者会有心理准备，你的讲话才不至于以尴尬收场。

“三段收尾”是最强的技巧

这种在第三阶段使用反常表达的方式，即被称为“三段收尾”的表达技巧，在幽默表演中经常被用到。最好懂的例子，就是风靡一时的艺人狩野英孝的段子：“拉面、蘸酱面、我是帅哥！”[①]

不仅是狩野英孝这种简单的“三级跳段子”，其实大多数人都有这样的共识——无论哪种稀奇古怪的东西，在抛出它之前准备

① 日语中，拉面（ラーメン）、蘸酱面（ツケメン）和帅哥（イケメン）的发音类似。——编者注

两个“跳板”，就容易被接受了。

再如，漫画《七龙珠》里的人物经过刻苦修行后，可以在天空中飞行。尽管现实生活中人不可能在天空中飞行，但详细地描写了修行过程之后，读者便能欣然接受。

以前的电视剧里常有主人公突然想出国的桥段。出国这件事本没有什么好奇怪的，但如果在此之前没有任何铺垫，观众就不会认可这种情节，认为这是“不合情理的安排”。

因此，如果你使用过多反常的表达而常常让对方一头雾水的话，那么我们还是试试在抖包袱之前来两个普通的表达吧，最后在第三阶段定胜负，这样效果会更好。

多聊一句

撒手锏应该放在第三阶段。

即兴达人说

在抖包袱之前，先抛出两个普通的表达。

思维模式 6
语不惊人死不休

会表达的人 | 敢于把话题引向极端

不会表达的人 | 说话平淡无奇

记得在综艺节目“世界 TV 特搜部”中，彼得武扮演成一个“卖假货”的推销员，在摄影棚里进行了一次现场直播。

当时，推销员彼得武为了向观众介绍他卖的剪刀有多么锋利，走进了鱼叔的休息室。然后，他“咔嚓”几下就把鱼叔的羽绒服袖子和裤脚剪掉了……

看直播的观众一头雾水。被整的鱼叔也喊道：“住手！这真的是我自己出钱买的呀！这下我穿什么回家呀？”

可是这个卖货郎并没有善罢甘休，他用订书机把剪掉的裤脚和袖子订上，又把属于鱼叔私人物品的 DVD 播放器弄坏，搞得现场一片乌烟瘴气，导致直播也无法进行下去了。

就在这时，坐在鱼叔旁边的艺人所乔治说话了，他的话将混乱的场面拉了回来：“鱼叔，你看这个段子这么好用，要不要也来一把呀？”

所乔治出其不意的发言引得全场爆笑。鱼叔马上大声回答：“我不要！”又是一阵哄堂大笑。

正是如此，有趣的人总是做出“大胆的预测”。

假如是一个普通人在录制现场，他充其量会说：“鱼叔太惨了！”这种话肯定没有前面那种“大胆的预测”式发言搞笑了。

会表达的人为什么总是做出“大胆的预测”？因为他们敢于将话题引向极端，从而有目的性地制造通俗易懂的“笑点”。

把话题往极端的方向拉

那么，我们普通人在表达中怎样才能做出“大胆的预测”呢？

如果你很在意那件事的发展，那么在它刚发生的时候，就说出与预期相反的话。

例如，“开心的事→悲伤的事”“有趣的事→无聊的事”，等等。只要敢大胆说出与预期相反的话，谁都能做出“大胆的预测”。

当然，像所乔治那样一下子冒出“要不要也来一把呀”这样的话，还是有难度的。

不过，只要你有这种意识，那么至少可以想到“原来最近很流行半袖的羽绒服呀”“用订书机订起来的衣服看起来很时尚噢”这样的表达吧。

当然，这种方法也是即兴表达中的一种过程性技能。当产生这种过程性极端发问时，如果对方能恰到好处地进行回击，就会更有效果。

如果你有幸得到这样的机会，就试试将话题往极端的方向拉吧。

只要积累几次这方面的经验，就能比较轻易地掌握极端表达的能力。

多聊一句

要用逆向思维制造幽默。

即兴达人说

试试将话题往极端的方向拉。

思维模式 7
学会反思

会表达的人 | 经常反思失败的原因

不会表达的人 | 没有学习表达的欲望

如果要问会表达的人和不会表达的人之间最大的区别是什么，我会回答，不是能力或天赋，而是学习的欲望。

也就是说，通过学习，你可以成为会表达的人。

实际上，我们在观察很多脱口秀演员后就会发现，当他们成名成家之后，说话会变得更加有趣。当然，没有以前火爆、慢慢淡出人们视线的人也不在少数。

那么，要想成为会表达的人，关键环节在哪里，又要学习什么呢？

我个人认为，最重要的是：表达失败之后的分析和再次挑战。

会表达的人在没有达到自己预想的效果时，会认真思考表达失败的原因。在此基础上，他会考虑为了切实达到效果，究竟应该怎么做，从而为下一次表达做准备。

夸张地说，会表达的人将 PDCA（Plan = 计划、Do = 行动、Check = 确认、Action = 处理）模式落到了实处，真正达到了将即兴表达所需要的 PDCA 循环往复的效果。

而不会表达的人一旦表达失败了，就什么也不管了；至于自己的表达如何欠缺，为何没能达到预期效果，他们完全不做深入思考。反而，他们还会将失败的表达方式延续下去，结果仍是同样糟糕。

现在，我想详细说明即兴表达中的 PDCA 循环模式。其要点是表达失败后要及时确认和改善。

高速运转 PDCA 模式的诀窍

最近，我策划了一个体验活动，让小学生当儿童记者去现场采访，然后将报道发表在当地报纸上。我本人担任的是协助儿童记者的老记者，负责指导几个孩子完成任务。

最开始，我仅凭自己的感觉，制订了一个“计划”（Plan），想了解现在的孩子是否对 YouTube 上网红博主的话题感兴趣。

我将这些话题交给了孩子们，完成了“行动”（Do）的环节。

但是当时孩子们的反响不大。

于是，我赶紧提问：“那么，你们觉得谁最有人气呢？”

这时，一个孩子回答：“Trendy Angel 组合的斋藤司！”

一瞬间，其他几人也表示知道斋藤司这个人。

“确认”（Check）了这一点后，我立即问道：“是吗，听说斋藤司很幽默哦！”

后来，我又发现孩子们看资料的时候有些心不在焉，没有太大的兴趣。于是，我灵机一动，指着资料上出现的“斋藤”姓氏的人，模仿斋藤司的语气说：“啊！快看这个人！是姓斋藤的人哦！大家查过没有？他是何许人呀？”（处理 =Action）

几个孩子一边大笑，一边说：“真的呢！但是脸一点都不像！”然后他们便开始认真地看资料，之后的采访也进行得很顺利。

显然，在即兴表达中进行这样的循环是很有必要的。

综上所述，面对表达对象，积极地寻找话题，确认对方不感兴趣的原因，并以此为参考进行下一次的行动，这是至关重要的。

多聊一句

搞笑失败要立即找到原因。

即兴达人说

积极地寻找话题，确认对方不感兴趣的原因。

思维模式 8
说话要有画面感

会表达的人 | 能够产生画面感

不会表达的人 | 让人摸不着头脑

和无趣的人聊天，我们时常会感到困惑。于是，你可能会说："不好意思！实在抱歉，我不懂您的意思。"

我认为，所谓表达的失败，就是指让听者陷入一种类似困惑的状态。所以，除了角色需要之外，一般情况下，说话人越是让人感到困惑，尴尬的气氛就越明显。

为什么会出现这种沟通上的问题呢？是因为不会表达的人误以为就算自己不说，对方也明白自己的意思。

举一个例子，我培训班上的一个学生讲到他在街上遇到一个有趣的人。

昨天，我正要上电车的时候，有一个长得特别搞笑的人狂奔过来。她慌慌忙忙地上了车，说："好险哪！差点没赶上！"说真的，这个人特别击中我的笑点，我差点就笑出声了……咦？我说的话不好笑吗？

听了这段话，估计没有一个人会觉得有意思。因为，这段话中最关键的部分应该是对那个狂奔过来的看上去特别搞笑的人的形象描述。但是，对于这一点，说话人直到最后都没有提及。

不会表达的人坚信自己的脑袋里有明确的形象，这个形象也被听者共有，必能达到引起共鸣的效果，于是盲目地把话题进行下去。

那么，会表达的人会采取什么样的说话方式呢？

我们用铃木奈奈[①]的语气来读下面这段话吧。

我遇见一个老太太，她居然用胶布把自己的头发全部缠了起来。

很奇怪对不对？！很奇怪对不对？！

这是昨天的事，我正要上车的时候，突然从后面跑过来一个人，一头撞到我身上。我心想："搞什么呀？"回头一看，一个老太太站在我面前，看起来很焦急。

不过，最让我吃惊的是，这个老太太的头发完全被胶布缠起来了！这也太奇怪了吧！

而且，这老太太脸上还涂着厚厚的粉，眉毛也像是用水彩笔画过的。这个样子真的好奇怪啊！她头发上还缠着胶布，她的样子简直让我忘记了自己被撞的事，只顾上憋着不笑！

这种"大脑显示器"式的讲解，效果当然很好。

你觉得怎么样？在这样的表达中，关键部分的画面应该清晰地浮现在听者的脑海中了吧？

---

① 日本艺人，综艺节目的常客。——译者注

要点：必须详细地讲述在你眼前出现了什么

打个比方，我们要一边把发生的事情投射在“大脑显示器”上，一边进行说明。那么，听的人也会产生身临其境的感觉，会自然而然地接受你的表达。

这种表达方式和讲故事很接近。

讲桃太郎的故事时，你是否也在“大脑显示器”中一边播放着一个桃子在河水中浮浮沉沉飘过来的样子，一边将这个情景描述给别人听呢？

综上所述，如果你想成为会表达的人，为了能准确再现自己当时经历的场景，就得让你的表达有画面感，将画面投射到“大脑显示器”中，再娓娓道来。

多聊一句

要用好“大脑显示器”，详细地讲述事情。

即兴达人说

你以为听众都知道，其实你错了。

思维模式 9
模仿别人的段子，讲好自己的故事

会表达的人 | 学习别人的段子结构

不会表达的人 | 照搬别人的段子

听某人讲话，有时会觉得挺耳熟的，接着你会发现："啊，这和之前电视上某个名人说的几乎一模一样！只不过他是用自己的话讲出来而已！"于是，你会觉得挺失望……估计我们都有过这样的经历吧。

实际上，像这样生搬硬套别人的话，在不会表达的人中是非常普遍的现象。

就拿我来说，我读初二的时候，不知怎的就剽窃了别人的段子，这件事我至今还留有心理阴影。当时，我加入了校羽毛球社团。一天，在学校走廊里，我和同年级的朋友聊起一个经常不参加活动的学弟。当时，我朋友说："那家伙向来我行我素，还听不得重话，别管他了！"

听后，我心中涌起一股想评说一番的冲动，于是说道：

"是的，现在的这些小年轻脆弱得很，有一次我只是用铁锤在一个家伙的脑袋上钉了颗钉子，他就不行了！"

我其实照搬了彼得武的话。我以为我朋友应该不知道这个段子，就直接讲了出来。

我朋友果然觉得特别搞笑，还夸我说："这个好有趣！渡边天才！"我便得意忘形起来。从那以后，每次社团活动我都会给其他人讲这个钉子的段子。

但是好景不长，终于有一天我露馅儿了。

那天，我和往常一样讲着钉子的段子，不料被一个 50 多岁的先生听到了，他兴奋地来找我聊天："这么老的段子你也知道呀！

这是彼得武的段子，没错吧？我也很喜欢彼得武呢！”

那一瞬间，我的朋友知道了一切，他当时那失望的眼神，我至今还记忆犹新。

不要模仿别人表达的内容，而要模仿别人表达的构造

话说回来，模仿本身并不是坏事。

实际上，会表达的人也是在模仿其他会讲话的人。只不过，其模仿的是表达的方式及构造。正因如此，我们从他们口中才不会听到熟悉的段子，而只会听到从没听过的段子。

相反，不会表达的人只会把别人的段子一字一句地照搬。

例如，山崎弘也的一个名段子：

我并不是脸大，只是体型小。

最妙之处就是他为了转移“脸大”这一缺点，巧妙地将其归结于其他原因，说成“问题不在脸上，而在身体上”。

我们不妨也试着仅模仿他的表达构造来重新讲一件不好的事，同样说成其他的原因。请大家看看下面的说法。

- 我不是胖，是房间太窄了。
- 我并没有被她甩了，只是这三年来我们完全没有联系而已。

像这样，只要稍微动动脑筋，每个人都能想到独特的例子。

所以，从现在起不要照搬别人的话，而要偷偷地去模仿别人表达的构造，那么，你说的话就会有人愿意听。

多聊一句

剖析段子的构造，大胆地模仿吧！

即兴达人说

不要模仿表达的内容，而要模仿表达的构造。

思维模式 10
表达不能光靠搞笑

会表达的人 | 懂得考虑别人的感受

不会表达的人 | 为了搞笑而搞笑

可能大多数人都认为，在任何场合都能让人爆笑不止的人，肯定就是能掌控场面的即兴达人。

但是，搞笑是一件复杂的事。能让全场爆笑的人并不一定就是会表达的人。

比如，在婚礼的助兴节目和致辞环节中，有人会讲一些大尺度的荤段子，逗得大家哄堂大笑。这些人确实可以逗人发笑，也很有说话才能。但是，这种搞笑的方式也会使人不悦，我们不认为这是一种好的表达方式。

也就是说，这一类人的问题出在他们一心只想着“搞笑”。如果想成为真正会表达的人，就需要拥有细致而敏锐的感知力，去判断“这种情况下搞笑环节应该排在第几位”。

还以婚礼致辞为例，我们应该考虑听者需要什么。按照一般的想法，应该是有关新婚夫妇的积极正面的内容。

可是，一心只想搞笑的人在任何场合都将搞笑放在首位。即便在这种场合，他们也会将两位新人的事置之脑后，去说些与婚礼毫不相干的话，以求哗众取宠。他们即便让人发笑了，还是会被认为是“无聊之人”。

表达不过是一种选择

与不会表达的人相反，善于表达的人往往在乎的是：通过前文所讲的那种不择手段的方法成功搞笑了，那结果会怎样呢？在这些场合中，他们将搞笑理解成一种表达方式的选择，决不会为了搞笑而搞笑。

换言之，不会表达的人以“搞笑”为前提制造话题，而把对新婚夫妇讲的话置于其次。

而擅长表达的人则以新婚夫妇为前提制造话题，在其过程中布置笑点。

两者之间有细微的区别，请大家多加注意。

如果不能明了两者的区别，你就很可能成为一个认为任何时候都非搞笑不可的“搞笑偏执狂”。

顺便说一句，包括我本人在内，有相当一部分人都患上了“搞笑偏执症”。这些人会在不恰当的场合拼命地想搞笑。

记得有一次，我参加一个亲戚的葬礼，看见一个年事已高的人在仪式过程中打瞌睡。于是我小声对妹妹说：

“快看！那个人为了悼念永远睡去的人，自己也用睡觉来送走亡灵哦！”

我的话与那个场合所形成的反差让周围的几个人觉得很有趣，他们差点笑出声来。但是，葬礼结束后，我却被妹妹狠狠批评了一顿。

像这样，在红白喜事上如果你突然产生了搞笑的冲动，那么你很可能患上了“搞笑偏执症”。如果那样，你很可能会像我一样，总有一天会被教训一顿的。

多聊一句

搞笑只是一种选择，而不是表达的全部。

即兴达人说

小心患上“搞笑偏执症”。

.03 交流

10 个交流技巧：表达需要输出也需要输入，是一个不断迭代的过程

交流技巧 1
当机立断，敢想敢说

会表达的人	自信又果断
不会表达的人	犹豫不决

聊天中时常会有人突然说："咦，你长得有点像某个人……"但他辗转纠结，到底也没说出究竟像谁。

这种人本身是没有恶意的，却容易让对方着急上火，成了无趣且讨厌的人。

我认为，比起想法，更加重要的是表达的时机。

善于表达的人的最基本素质就是能当机立断，把当场想起的事在合适的时机果断地讲出来。

听我这样说，肯定有不少人想“我可做不到当机立断”，实际上，这绝不是什么难事。

其实，会表达的人常常是通过“随意决定”来做到当机立断的，“仓促上阵”的情况也不少。

为什么说“仓促上阵”也是可以的呢？因为一般而言，无论是什么样的内容，只要你能果断地决定并自信满满地讲出来，就会收到好的效果。

举一个例子，以前我负责过《天野人语》期刊的策划工作。有一次，一个同事和天野开玩笑。这个同事看了一眼天野，便一口咬定地说：

“天野先生的前世是什么呢？嗯……啊，我看见了，是英国乡村的一只可爱的小兔子。”

听了这话，天野本人，以及包括我在内的团队成员们，都因为这个太过离谱的前世而哈哈大笑。

天野，一个 40 多岁的发福大叔，另一面却是“英国乡村的一只可爱的小兔子”，就是童话中彼得兔那样的形象。天野和彼得兔之间，形成了巨大的形象反差。

正因为这样，才能收到良好的表达效果。天野也吐槽道：“如果要说我的前世，怎么也应该说成一头小猪嘛。”

表达的秘诀在于用“自信满满的口吻”

其实，表达的秘诀并不是要努力想到一个贴切的比喻。

因为，天野的前世就算不是英国乡村的一只可爱的小兔子，只要是和天野的形象相差甚远的东西，都是可以的。

实际上，如果有人说：“天野的前世可不是现在这个样子哦。他在前世是一头跑得飞快的猎豹。”或者有人说：“天野的前世呀，咦，脖子特别长……看见啦！是一头长颈鹿。”

——这些表达也足以引爆全场。

总之，表达的诀窍就是，把自己随机的想法自信满满地讲出来。

随机的想法往往在道理上是讲不通的。把这种道理上讲不通的内容自信满满地讲出来，听者便会产生一种无法言喻的违和感，自然就会多关注你。

在这个例子中，无论是什么动物，只要你用肯定的语气说："天野的前世是 ××！"表达的效果便达到了。

总之，当你对讲话内容犹豫不决时，不如果断地做出决定，并自信满满地讲出来。

每个人的思维方式都不同，但从效果上看，重要的是你能否进行自信的表达，这才是胜负的关键，请谨记这一点。

多聊一句

哪怕是临时决定的话题，也要自信满满地讲出来。

即兴达人说

时机＞想法

交流技巧 2
收起你的被害妄想

会表达的人 | 享受自嘲的感觉

不会表达的人 | 打着自嘲的幌子欺负别人

“不是我的发际线后退了，而是我前进了。”

这是一位成功人士曾说过的一句话。

对于一般人都会感到自卑的事情，这位成功人士却能积极乐观地面对。他的这种姿态让人们对他的好感倍增，这句话也红极一时。

用“自黑段子”将自己的身段放低，有时会收到意想不到的效果，尤其当讲话的人是成功人士的时候，就会让听者产生亲近感。当然，滥用这种“自黑段子”而导致尴尬、失败的也大有人在。

比如，我的培训班里曾经有一个“35 岁 +”的 A 女士，她总是想通过表现自己受害者的身份去凸显表达效果。

有一次，在培训班的模拟对话中，有人对 A 女士身边一位 20 出头的女生说：“看着年纪轻轻的，气质却很稳重呢。”

这时 A 女士突然可怜巴巴地说：“好过分！你是在说我一把年纪了还不稳重吗？就是因为我不年轻了，所以你就对年轻女人这么殷勤……”

其他时候她也是动不动就说：“你们是在欺负我吗？年轻就了不起啊？”她总是重复着充满被害妄想的自黑段子。

最开始，她这样说还会有人觉得挺有意思的。但是，重复好几遍后，连我都笑不起来了。因为，反反复复地说，就会让人觉得这不是在开玩笑，而是对别人的年轻发自真心的嫉妒，感觉挺可悲的。

一旦流露出“照顾一下我的感受”的意思，你就输了

这种“被害妄想系”人总是会犯 2 个错误。

1. 实际上他们欺负的并不是自己，而是别人

前面这个例子，简单地说，就是想用自己年纪大去反衬和吐槽“对方女生年纪轻，不成熟”。

这么一来，与其说是贬低了自己，不如说更让人觉得是对年轻女孩的嫉妒。

2. 话语中处处疯狂暗示“应该护着我呀”

动不动就说“反正我年龄也大了”的人，实际上是在暗示对方，希望对方说“哪里哪里，你还年轻着呢”。

无论本人承认与否，只要说出这种被害妄想类的话，就会让

周围的人产生异样的感觉，表达自然是失败的。

我们有必要再次回味一下本节开头那位成功人士的话。

如果有人听后认真地安慰道："哪里，您的头发比您想的要茂密得多呢！"那么这个人反而真的没能领会人家的意思。因为，他本来就能完全接受自己的缺陷，并主动以此自嘲。

领会这种"自黑段子"的精髓后，我们就可以按照这种逻辑自如地表达了。比如，我可以这么说。

- 你是在笑话我的皮下脂肪吗？在美食界混，没有这个还不够格呢！
- 我赚钱少怎么了？我也是讲究人，我要是较起真儿来，喝杯茶都能闹腾到第二天！

这些话里显然没有一点点消极的意思。

如上所述，我们用这种形式来讲"自黑段子"不仅会将消极的元素早早吸收并消化掉，还能充分展现自己积极乐观的心态，会传递给听者恰到好处的幽默感和正能量。

多聊一句

超越消极，积极乐观。

即兴达人说

一旦流露出“照顾一下我的感受”的意思，你就输了。

交流技巧 3
结束自说自话，巧妙接话

会表达的人	能好好接话
不会表达的人	要么自说自话，要么抢别人的话

会表达的人善于接住对方的话，不会表达的人只会自说自话。我们在综艺节目中看到的脱口秀演员，他们得时刻琢磨着怎么说话才能达到最佳效果。倘若不能做到，导演便会想“还是找个更会表达的人吧”。

不过，对于我们普通人而言，在日常生活中则不用太刻意地去设计表达方式，而这种想法太过强烈的人，反而会让人望而生畏。

我认识一个人，他太想出风头了，所以总是抢别人的话。的确，他有很好的表达能力，他讲的话也总能让人开怀、入心。但说实话，与其说他是一个会表达的人，人们更认为他是一个“话特别多，有点儿麻烦的人”，甚至也有人认为他不具备表达力。

实际上，普通人要想成为很会表达的人，最重要的一点是首先得让自己成为“让别人感到舒服的人”。

在这方面，可供我们参考的是综艺节目《闲聊 007》。《闲聊 007》由三名艺人搭伙主持，每期邀请一位嘉宾进行闲谈。

在此，我们要关注的不是主持人，而是嘉宾。

耐心等待，瞄准机会先发制人

《闲聊 007》的主持人是即兴表达的行家，要想融入这个节目很难，想必在场的嘉宾是相当紧张的。

在这样的氛围之中能侃侃而谈、妙语连珠的嘉宾，大多会做下面 3 件事。

1. 将自己的情绪调整到与主持人同频的状态。情绪过低或过高都会脱离节目。
2. 适时抓住“轮到自己说话的机会”。如果在节目中肆无忌惮地抢别人的话是万万不行的，闲聊之中总会有机会轮到你说话，在此之前，不被边缘化的做法就是对别人精彩的发言报以掌声，并给予积极的回应来强调自己的存在感。
3. 当轮到自己发言时，要努力设计自己的表达方式和内容。

面对这种高热度的场合，我个人认为这样的表达技巧特别有效。强烈的赞同也好，激烈的反对也行，总之要夸张地讲出自己的想法。

例如，你可以这样表达：“是呀！是呀！我对这种人也是气愤得不行啊！前不久，我就碰到过这种人……”“我也超级喜欢这首歌！我居然和 ×× 先生有相同的爱好呢……”

综上所述，你若想在群聊中占据“咖位”、让人印象深刻，请记住：巧妙地加入并设计好表达方式和内容至关重要。如果疏忽了这一点，就会适得其反。

多聊一句

用心设计，巧妙发言。

即兴达人说

适时强调自己的存在感。

交流技巧 4

不要吝啬美言

	会表达的人	恰到好处地夸别人
	会表达的人	恰到好处地夸别人
	不会表达的人	完全不会吹捧别人

有的人擅长通过奉承别人来营造场内气氛。

我是一名作家，身边总有一些人对我“老师！老师！”地瞎叫，想通过奉承来营造好的气氛。

最近发生的事就让我忍俊不禁。

某日，我跟一位工作伙伴聊起一本书，说道：“我正在写一本关于即兴表达的书。”

于是，这位伙伴就不失时机地吹捧道：“好厉害，不愧是老师呢！渡边老师的表达理论真的很棒！这本书一定会畅销，还能获得芥川奖什么的。”

我被这样的吹捧搞得有点晕，突然间我灵机一动，回道：“芥川奖是文学奖，我的书无论怎么畅销都是得不到的呀！”大家听后哄堂大笑。

像这样既能吹捧别人又能提供明显的吐槽点的对话，会显著改善场内的气氛，在提升表达力的同时也会让你收到意想不到的效果。

当然，也有另一种情况：有的人即使本身没有恶意，说出的话却让人听了很不舒服。

最常见的情况就是本来想夸张地吹捧对方一番，但实际吹捧得并不到位，反而让对方很不愉快。

举一个我亲眼所见的吹捧失败的例子。

我认识一位女士，她想大胆地改变自己的形象。于是，她把头发剪短了。某天，她的一个好朋友笑着对她说："短发很适合你，很可爱呀，和之前的形象大不一样。今年夏天，如果你去海边的话，会被搭讪的哦！"

但被吹捧的这位女士却不开心地说："不是吧？我以前去海边也被搭讪过啊……"

她的朋友本来是想奉承一下，可是作为听者，这位女士却读出了话里微妙的负面信息："难道以前的我看上去就是那种不可能被搭讪的样子吗？"

不要害羞，夸张地去吹捧吧

如果你想避免这种尴尬，成为真正会说话的人，那么我建议你要更夸张离谱地去"吹捧"对方。具体方法有 2 种。

1. 说话可以夸张到离谱

比如，接着刚才那个女生的话题来说，"你留短发的感觉好极了，简直会被贾斯汀·比伯那样殿堂级的大帅哥搭讪”，这样说的话，既带有槽点，又不乏风趣幽默。

2. 可以把话题扯到绝对不可能的方向

刚才我举的芥川奖的例子便属于这种类型。让我们把这个方法用到那位女士身上。你可以这样表达：“真好呀！以你现在的形象，如果出张专辑，绝对大卖！”这样说的话，效果也会很好。

综上所述，如果你不想给自己挖坑，就用我刚才推荐的两个方法，大胆地尝试吹捧式表达方法吧。

多聊一句

夸张地吹捧，不会跑偏。

即兴达人说

吹捧别人的同时不要忘记留下槽点。

交流技巧 5

享受被吐槽的过程

会表达的人	不怕被吐槽

不会表达的人	无法忍受别人吐槽自己

有这么一种人，他们说话滑稽，也有不少槽点，但旁人总是无从吐槽他们，还会觉得他们很难接近。

这样的人通常会被认为爱摆架子，在背地里被评价道：“那个人啊，真不咋地！”由于大家都对他敬而远之，不敢接他的话，所以他说的话自然也不会让人感兴趣。

实际上，会表达的人最擅长营造让旁人容易吐槽的气氛；自己把局面走活了，也不忘给别人留几步棋。

这样的人，即使说了什么离谱的话，也会被当场吐槽。这反而让气氛更欢乐，过后人们也不会背地里对其诟病。相反，那种不给他人机会吐槽自己的人会给人一种格格不入、拒人千里之感。结果，背地里他就会被说成一个爱摆架子的人。这样的评价对于其本人没有好处，也不利于帮助他提高表达力。

不过，也有例外。如果这种不让人吐槽的人，一旦放开了让周围的人尽情吐槽，就会极大地改变人们对他的看法，达到一鸣惊人的效果。

实际上，在我的培训班里，就有好几个人属于拒人千里的那种人。

很显然，这些人对于如何“毒舌”地吐槽别人竭尽全力，而对于自己被吐槽这件事却相当抵触。

例如，在讨论会中，这种人对于他人的外貌，可以肆无忌惮地吐槽取笑。

而被说的一方以为吐槽是相互的，转而开始吐槽他的外貌，但结果却招来了明显的厌恶和敌意。

如此一来一往，双方的表达自然变得针锋相对，气氛也随之变得糟糕。一旦出现这种情况，我就不得不出面阻止了。

如果想吐槽别人，就得做好被吐槽的心理准备

说到这里，我想大多数读者都已经明白了一个道理——一个有表达力的人将“平衡”二字时刻放在心上，是非常有必要的。

具体而言，就是应该清楚地意识到：“自己在吐槽别人之后，一定要接受别人吐槽自己。”如果做不到这一点，你就会被归为那种拒绝被吐槽的不受欢迎的人——说别人的时候不留情面，而一旦自己被吐槽，就会火冒三丈。

如果你讨厌被吐槽，那你也不要想着用说刻薄的话来取笑别人。

要是能做到这一点，即使你有很多可吐槽之处，大家也会认为你是一个没有攻击性的人，背地里也就不会说你是一个爱摆架子的人。当然，能够意识到并真正做到这一点也实属不易。

不过，根据我以往的培训经验，在聊天过程中，只要能够客观认识到自己在做什么、别人在做什么，基本上就可以做到“平衡”。

我们要尽可能地将自己吐槽别人的次数和被别人吐槽的次数进行比较。通过比较，如果发现自己吐槽的次数明显过多，那么你极有可能遭到非议，所以，时刻检视自己的表达方式很重要。

多聊一句

在即兴表达中，即使自己沦为笑柄也无所谓。

即兴达人说

在吐槽别人之后，也要努力接受别人吐槽自己。

交流技巧 6

精准定位自己的表达风格

会表达的人 | 有自己的风格

不会表达的人 | 找不到自己的定位

我经常听到有人抱怨："我想努力成为即兴表达达人，也积极地尝试运用 PDCA 模式，但总感觉哪里不对劲。"对于这类人，我想提一个问题："会表达的人，应该是什么样的人呢？"

我收到了各种各样的答案："开朗的人""话多的人""充满活力的人"。但是，很抱歉，这些都不是正确答案。

正确答案是：会表达的人是能够找到适合自己角色定位的人。

也就是说，如果你本来是开朗的人，那么“开朗”就符合你的角色定位。如果你喜欢不按常理出牌，那么“另类”就是你的角色定位。

这个道理在当红的脱口秀演员身上体现得淋漓尽致。如走开朗张扬路线的鱼叔，还有风格沉稳内敛的 TAMORI 先生等。

由此看来，要想成为表达达人，开朗、话多绝对不是必要条件。

而在不善于表达的人里，有很多这样的人，他们虽然知道自己偏内向，但总是千方百计地想成为开朗而有趣的人。所以，千万不要让自己的性格与适合自己表达的风格错位。

不让自己感到为难的角色定位就是正确的

要想确认适合自己的表达风格，首先就有必要正确把握自己究竟是怎样的人。

话虽这么说，要正确地把握自己，的确是一件难事。

最好的方法就是，直接问你最要好的朋友，这样一问，你会收到各种想象不到的回答和建议，然后你便可以在这些回答中构建出一个自己最认可的方式。

但如果这样做了你仍是一筹莫展的话，那就索性从“不勉强自己”开始吧。想一想，平时你和谁说话最放松呢？在这个人面前讲段子的时候，你是什么样的形象呢？那个状态就是真正的你。

如果这个形象比平时的你更加充满活力，那么现在的你就有必要让自己再放开一些。

或者，这个形象比平时的你更加安静，那么你就有必要收敛自己的“张狂”。

要想成为有自己风格特点的表达达人，就要学会审视和改变自己。

一步步接近真实的自己，你的日常表达也会一点点地改变，最后你就可以用最接近真我的人设去与人交流了。

多聊一句

好的表达自然且不勉强。

即兴达人说

不让自己感到为难的角色定位是对的。

交流技巧 7

不必过分注重礼节

会表达的人	放松自然
不会表达的人	礼数太多

在某个演讲现场，演讲者明明讲了一个笑话，但仍然有人会摆出一副“在这么严肃的场合，不知道是否应该笑”的表情。

如此刻板的人在“1 对 1”的交流中也会是这个样子。这种类型的人，往往因过分拘泥于礼节而白白浪费了与对方有效互动的机会。

或许你会认为这种人本身是无害的，但他不给力的临场反应会给对方的情绪带来极大的影响，不客气地说，这属于变相的“不怀好意”。

相反，在善于沟通表达的人看来，无论对方是什么人，该笑的时候就要尽情大笑。如此行事，讲话的人也会心情大好，余下的沟通也会随之进入良性循环。

为什么善于表达的人会在普通人容易紧张的场合仍然能够做到自然而真实呢?

原因在于两者在想法上有所不同。

不善表达的人当感到不知如何反应是好的时候，首先考虑的是礼仪，认为应该严肃认真。而善于表达的人首先想到的是用自然且积极的态度来回应。截然不同的想法将两种类型的人区分开来了。

有这样一种说法：“不笑就是失礼”

尽管我在电视台工作，但仍然经常做不到自然回应，尤其是在和我年纪相差很多的人面前，或者作为观众听演讲的时候。

原因大概还是害怕被别人批评吧。比如对于在演讲现场大声笑这种行为，我会有强烈的抵触感，心想“这样做别人一定会很讨厌，还是不要吧”，于是变得格外谨慎。

但是，后来发生的一件事情彻底改变了我的想法。

那是我录制某一档广播节目时发生的事。节目组要求我采访某位年长的经营者。当时，我基本上是在一本正经地采访，只是认为对方的话有趣时，才会加入少许笑声。

后来，我偶然听到了那段采访录音。我对采访中自己冷漠的态度无比惊讶！

明明对方讲了很有意思的话题，我却没有什么特别的反应，只是用“啊，的确，是这样”的话敷衍过去。

那一刻，我深深领悟到："不笑就是失礼。"

那些原本认为"笑了可能失礼"的人真的应该好好想想不笑的后果。

如果能够消除顾虑，积极回应对方，那么在今后与他人的交往中，我们会自然而然地养成一种好习惯——不管什么情况，都会先笑一笑。等你意识到自己可以做到这一点后，你就离成为懂得表达的人更近一步了。

多聊一句

请养成"笑"的习惯。

即兴达人说

过分注重礼节是变相的"不怀好意"。

交流技巧 8
平凡的“路人”也能一鸣惊人

会表达的人	不畏平凡，自信满满
不会表达的人	害怕平凡，畏畏缩缩

这一部分，我将介绍适用于相貌平平的人的表达技巧。

这一类型的代表就是搞笑艺人出川哲朗。他略带高傲感的恋爱建议成为公认的经典段子。

他曾被问到“接吻的最好时机是什么时候”，他立即答道：“时机？恋爱没有什么方程式！你自己想接吻的时候就是最好的时机！”

恋爱或许没有方程式，不过像出川这样相貌平平的“路人”，用一本正经的语气讲着帅哥该说的话，愈发充满幽默感。

但这种看似略带粗俗的表达方式可不能随意使用，更不能生搬硬套，如果不注意到这一点，就有可能让你惨败。

为什么这样说呢？因为该表达方式的核心在于与其说点什么客套话，不如毫无顾忌地不胆怯地去表达。试想，如果这个相貌平平的表达者总是忸忸怩怩的，那肯定会以冷场告终。

稍微想一想就会明白，这是理所当然的结果。我们普通人在聊天时羞涩地谈论恋爱技能，这是司空见惯的事。

但是，当你反其道而行之，自信满满，稍稍居高临下地将恋爱讲得头头是道时，你的表达就会很有意思。

因此，要使用这个表达方式，首先充满自信是必不可少的。

请抛弃“我干了件奇怪的事”这种想法

我想讲解一下如何成为充满自信、将“恰当的平凡”进行到底的人。具体步骤如下。

1. 抛弃“做奇怪的事”这个想法

例如，当我们还是学生的时候，在英语课上，老师让你朗读课文。肯定有不少人会为用半生不熟的英语读课文而感到难为情。

之所以会有这种感觉，是因为自己对在“做奇怪的事”的意识过于强烈。

请尝试抛弃“做奇怪的事”的想法，完全把自己当作焦点人物，尽情去表达。只要有一次成功，你就会明白因为害羞半途而废反而会更加尴尬。

2. 从小事开始，刻意练习

如果你暂时还无法突破这一点，那么可以先形成这方面的意识，然后从小事情开始刻意练习。

你可以给自己布置一些任务，比如“今天要认真看着对方的眼睛说话”。如果你做到了，接下来你就可以做更进一步的尝试，将“我就在这里”的存在感注入饱满的能量，并向聊天的人尽情展现出来。这一点非常关键。因为，最重要的既不是声音的大小，也不是表情夸张与否，而是在表达过程中注入能量的强度。只要充分感受到能量，你就会渐入佳境。通过这样的刻意练习，你的表达力自然会有很大的提升。

多聊一句

唯有平凡才能创造不凡。

即兴达人说

将“我就在这里”的存在感尽情展现。

交流技巧 9

正确地定位自己

会表达的人 | 分析具体情况，做出正确判断

不会表达的人 | 轻易给自己贴标签

通常情况下，在群体里一旦被视为乏味的人，无论是谁都会失去自信。因此，有人会觉得“我就是个说话无趣的人”。但是实际上，这很可能只是你对自己的误解。

我希望大家能够明白，事实上，的确有某些人会抢走别人制造的梗。

搞笑艺人里也有人爱抢风头，抢走别人制造的笑点，让自己出尽风头。

这种行为很不厚道，让我来曝光他们的手段吧。

假设某人在讲话，他讲得特别搞笑。尽管大家听得津津有味，但突然就有人吐槽："不是你说的那么回事儿！"这样的搞笑艺人你见到过吗？

遇到这种情况，被吐槽的那一方通常都会不知所措："啊？那你说是啥？"于是，话题转到吐槽一方，他会随之引出几个笑点。

而这句"不是你说的那么回事儿"的吐槽，会给他人留下深刻的印象——吐槽方试图占有绝对话语权。

这样一来，本来因为被吐槽方的讲话有趣而被逗笑的人也会产生错觉，以为后面吐槽的那个人更幽默。

这的确是可以快速引人发笑且比较简单的表达技巧，所以在日常生活中，也有不少人说着"不是你说的那么回事儿"，抢走别人的风头。

无视爱抢他人风头的人

实际上，鱼叔和松本人志也经常使用这个技巧。

观众认为他们是“搞笑大咖”，其理由之一就是他们会用这个方法让别人制造的笑点看起来像是自己创造的。

不过，在大家看来，他们将这一技巧运用得恰到好处。

在艺人的世界里，是有这么一类人，他们故意装成搞笑失败的样子逗观众们发笑，这是被称作“示弱”的艺术。或者他们就是一副“天然呆”的样子，连自己都搞不清楚应该怎么表达。

但是，普通人却并不能领会到这一点，他们总是滥用这种方法。

于是，被抢风头的一方便会误认为自己是一个不会说话的人。

我给出如下对策。即使你所在的群体里有爱出风头的人，那你也没有必要和他争。你只需在一旁静静地听着别人的对话，波澜不惊也是一种无言的表达。

然而，我们要明白两个事实：第一，将他人制造的笑点夺走的人很多；第二，因为这种人的缘故，误认为自己是不会说话的人也不在少数。

多聊一句

有必要注意将别人制造的笑点抢走的手段。

即兴达人说

波澜不惊也是一种无言的表达。

交流技巧 10

不要总想操控别人

会表达的人　讲好自己的台词

不会表达的人　总想把控全场

我问大家一个比较直接的问题："你是在什么时候、如何做到成功表达的？"

突然被这么一问，恐怕有一大半人都说不出来吧。

其实这是一个不好的现象。因为，如果你没有搞清楚成功的要素，你就不可能顺利运行 PDCA 模式。最糟糕的情况是，你会因此意识不到自己已将主动权交给了对方，自己成了高高在上的那种说话乏味的人，沉浸在自以为是的错觉之中。

那么，我们应该把哪种效果归为由自己引发的呢？请务必确认以下 2 种情况。

1. 因为自己被吐槽或装傻而直接引起的。
2. 因为自己吐槽别人或抖机灵而直接引起的。

也就是说，这是由自己的主动或被动行为直接引发的效果。

还有一种情况，普通人有时会误认为“是我把大家逗笑了”。其实，那是因为你身边的表达高手弱化了自己的存在，把机会传递给了你——这就是所谓的“运转能力”。

比如，主持人的运转能力是有口皆碑的，但我们普通人是完全没有必要在意这种高难度的表达技巧的。因为，我们表达的对象通常都是最普通的人。几乎没有人会评价你：“那家伙很会运转全场嘛！”

所以，如果你仍误认为是自己成功把控了全场，那么你就会变成盲目自大的人。

不要成为自以为是的“搞笑评论家”

本来“运转技术”在专业艺人看来也是一门高水平的技艺，不会正确使用的专业人士也大有人在。因此，普通人要想熟练掌握这个技术，几乎是不可能的。

而且，就算专业人士能娴熟地使用“运转技术”，但在普通人看来，也很可能被消极地认为是在“欺负人”。

因此，不能真正领会这门技术的普通人如果硬要盲目自信地实践拙劣的“运转技术”，那只会削弱自己的表达力，没有任何益处。

尽管我再三强调，但仍有人会洋洋得意地说：“我只要对他做点什么，他就会变得有趣。”确实有这样一类人，或许本人丝毫没有觉察到，但周围的人已经对他“翻白眼”了。

如果你不想成为令人厌恶的人，那么请牢记：只有因你自己的主动或被动行为直接引发的才算“你自己的成功表达”，讲好自己的台词就足够了。

多聊一句

表达中，切忌“运转”他人。

即兴达人说

不要误以为是自己成功把控了全场。

.04 方法

11 种措辞方法：抑扬顿挫才能神采飞扬

措辞方法 1
平静地讲着不一般的事

会表达的人｜不动声色，留有悬念

不会表达的人｜卖力表演，用力过猛

在即兴表达培训课上，只要一进行以搞笑为目的的交流游戏，我便会发现这样一个事实：

从一开始就努力营造出“我们来搞笑吧”这种气氛的人，基本上都不搞笑。

相反，比起这些卖力表演却收效甚微的人，那些没有强烈表演欲望的人更能频频引爆全场。

之所以发生这种情况，原因就在于有的人没有认识到惊喜的重要性。如果你预先表示“我马上要开始搞笑了”，那么从一开始便毫无任何悬念，这样想逗人发笑是非常困难的，而不善表达的人最容易犯的就是这样的错误。

在电视节目中，搞笑艺人会半开玩笑地提醒外行：“如果说了‘我要开始搞笑了’之后，就不好笑了。”

现实中，幽默的人会把不寻常的事用极其普通的语调，在对方毫无心理准备的时候讲出来，让人大吃一惊。

本来是一件不寻常的事，可是讲述者却一脸平静——这种落差就会让人忍俊不禁。

将这种表达技艺运用得炉火纯青的当数 TAMORI 先生。TAMORI 先生总爱用文化人讲严肃话题时的腔调，热火朝天地聊着极不正经的话题。聊的内容与气氛完全违和，这种效果就会让人忍俊不禁。

“自鸣得意脸”害人不浅

在地方台的电视节目中，我们常常会看到主持人在播报时总是洋洋得意，仿佛在告诉观众“下面要开始有趣的环节了”。

然而，当你真的以为会有什么彩蛋的时候，接下来却是“现在我们来尝尝当地的名菜吧”这种极为普通的内容。

于是，观众就好像是期待落空了一样，尽管并没有听到什么扫兴的话，却陷入很“丧”的情绪之中。

总之，我用最简洁的语言概括如下。要想成为讲话有意思的人，在任何情况下都必须保持“普通的表情和普通的情绪”。将不寻常的人和奇特的事用自然的方式表达出来，两者之间的落差便会取得意想不到的效果。

因此，就算内心很激动，按捺不住想告诉大家“我要讲有趣的事儿了”，但也请你控制住情绪，尽量用最平常的方式来表达。只要这样做，哪怕是讲你平日里讲过的内容，你都会获得比以往更加积极的反馈。

多聊一句

无论内容多么不一般，都要保持冷静。

即兴达人说

没有强烈表演欲望的人更能频频引爆全场。

措辞方法 2
会用拟声词

会表达的人 | 会用拟声词，让表达有个性

不会表达的人 | 不会用拟声词，说话很平淡

与关东人相比，关西人喜欢在谈话中用“咚”“砰”等拟声词。在我看来，关西人说话有趣，其原因之一就在于此。

实际上，在即兴表达练习中，有这么一种说法：拟声词用得越多，表达就显得越丰富。所以我建议大家积极地使用拟声词。

那么，为什么拟声词使用越多表达就越丰富呢？

比如，我们试试在“摔下去”这一表达上加上各种不同的拟声词。

- “咯噔咯噔”摔下去。
- “扑通”一声摔下去。

这两者浮现在脑海中的画面是完全不同的。

如果是“咯噔咯噔”，就是从楼梯上摔下去的情景；而要是“‘扑通’一声”的话，就是一屁股坐在地上的情景了。

就像这样，即使同样是“摔倒”的事实，我们只要根据当时想传达的状况，选择不同的拟声词，就能用简短的语言向听者传递更加详细的情况。因此，拟声词使用得越多，就越能使语言变得生动有趣。

而且，研究发现，当人类听到拟声词时，大脑会反映出语言之外的画面。这说明，在听者的大脑活动中，比起单纯的语言表达，更多的是用更加直观、真实的场景来接收信息。

我们知道，与英语相比，日语中的拟声词数量更多。究其原因，有一种说法认为，由于日语中动词的种类较少，所以拟声词作为其补充而得到了充分发展。

这一点在关西人身上得到了充分体现。同样是日本人，比起关东人，特别钟爱拟声词的关西人的语言表达就更加丰富，能让听者在脑海中浮现出具体的画面。于是，大家都觉得关西人很幽默。

个性的表达 + 充沛的感情 + 大声地说出来

接下来，我给大家介绍一下拟声词的相关使用技巧。

首先，讲一下在这方面做得很棒的艺人宫川大辅。宫川先生运用拟声词可谓生动巧妙，令人称奇。在 YouTube 等平台上，有很多宫川先生介绍拟声词的视频。

我们可以从宫川先生那里学到关于使用拟声词的 2 个技巧。

1. 使用有个性的拟声词

例如，说人摔倒时就不要用“扑通”这样普通的拟声词，而要用“呲溜”这样稀奇的声音，感觉像是滑行摔倒，给听者耳目一新的感觉。

2. 用充沛的感情，大声地说出拟声词

宫川先生常常会多次强调起关键作用的拟声词，而且每一遍都会用饱满的感情大声喊出来。

最后我想说，使用拟声词是一个很微妙的表达手法，对于情感的传达至关重要。要想准确传达拟声词，有时还需要用上表演戏剧时的情绪。只有这样做了，你的即兴表达才会妙趣横生。

多聊一句

要细腻并大胆地“玩转”拟声词。

即兴达人说

拟声词对于情感的传达至关重要。

措辞方法 3
调低音量，用音调吸引听众

会表达的人 | 控制音量，像聊天一样表达

不会表达的人 | 说话声音过大

有不少人在众人面前讲话时，都会提前准备一些逗观众发笑的段子。也有人为了到时能充满信心地大声讲出准备好的内容而预先练习。

但非常遗憾的是，也许你声音洪亮并自信满满地讲了段子，可未必能把人逗笑。因为你大声讲话的方式反而会让听者觉得很奇怪。

我举一个具体的案例。在综艺节目中，我们常常可以看到声音特别大的新手艺人出来讲段子。

虽然他很卖力地讲，但是过于聒噪的声音却影响了听众去品味段子本身。

这时，观众会感到一些不快："真是太吵了！""你以为只要大声就可以把话讲好吗？"有了这种感觉以后，无论谁都不会好好听他讲话了。

相反，即兴表达能力强的人不仅时时考虑音量的大小，而且还能根据现场气氛自如地调控。

请注意，这里所说的音量并不是单纯的声音高低，还包括轻重音、语气、语调和情感等诸多细微元素。

比如"谢谢"这个词，如果用不同的声调说会有多少种说法呢？

不情愿地说、发自内心地说、在禁止喧哗的地方说等，在不同的场景和气氛中会有不同的说法。如果你使用与状况不符的声调说了"谢谢"，那只会让听者感到异样。

正因如此，即兴表达能力强的人才会根据具体场合，自然而恰当地说出“谢谢”，而绝不会简单粗暴地认为“只要我声音够大就行”。

不要把台词一字一句地记下来

必须承认，操控声调并不是件容易的事，而将台词一字一句地牢记，并正确地处理好声调，这几乎就是专业演员的工作，我们普通人很难轻松驾驭。

因此，非常重要的问题是：不要一字一句地背台词，不要做确认声调的练习。取而代之的有效方法是：把想表达的重要内容，做一个要点记录（3~4 条），然后一边看着记录，一边练习用自己的话进行说明，把要讲述的内容梗概记在脑子里。这样做的好处就是你不需要死记硬背，而可以像日常和朋友聊天那样，不经意地就能用最自然的声调来表达你想说的内容。

或许有人会感到疑惑：“这么做真的能让声调变得自然吗？”答案是肯定的。其实很多知名艺人都注重这方面的练习，哪怕是同一个语言类节目，为了每一次都让观众看得开心，也需要根据现场的气氛调整声调，以追求最佳的演出效果。所以，为了提高自己的即兴表达力，请注重掌控声调。

多聊一句

使用“分条记录”掌握自然的声调。

即兴达人说

好的表达是聊天，而不是背台词。

措辞方法 4

和领导开玩笑要分场合

会表达的人 | 找准能开玩笑的时机

不会表达的人 | 任性地说出没有分寸的话

“大叔，你在搞什么呀？”

平时公司里总会有一些不擅长使用敬语的年轻职员，每当聊得投机时，他们的情绪就会高涨，对着领导不由自主地说出没有分寸的话，结果挨了一顿臭骂。你若是见到敢这样对领导吐槽且说话没老没少的年轻职员，会不会也一头冷汗？当然，事情也有例外，如果你能巧妙运用这种表达方式，通常也会在领导面前收到意想不到的效果。

实际上，我们普通人要想恰到好处地对领导说话，是必须遵守表达方面的法则的。

这个法则就是“不能任性地说出没有分寸的话”，而是瞅准领导“满嘴跑火车”的时候，也就是他在开玩笑的时候再说。

举一个例子，我有一个朋友特别喜欢和下属开玩笑。当他说得起劲时，下属通常会在开始的时候使用一两句敬语吐槽：“不会有您说的那种事吧？”“您在说些什么呢？”但两三句之后就会卸下所谓上下级关系的负担，插科打诨起来，甚至会说：“哥，你有点过分了啊！”领导听后不但不会生气，反而觉得彼此的关系很自然融洽。像这样，不用敬语也起到了比较不错的效果。

大家不禁要问，为什么不用敬语也可以呢？这是因为你的表达让领导放下了权威的架子，产生一种反差的效果。当然，只有在吐槽和搞笑的氛围中，这样做才是被允许的。

对于那种不能把握状况，总是说话没大没小、让人生气的人，我们也有必要分析一下。

假如领导在给年轻下属布置工作时说："这项工作有点麻烦，拜托你要在明天之前完成，真的不好意思。"

面对这种情况，如果下属嬉皮笑脸、没大没小地说："哎哟，明天之前呀？不可能吧？"那么十有八九会惹得上司一脸不高兴，甚至他会批评道："你这是什么工作态度？！"

为什么会是这样的结果呢？道理很简单，领导将麻烦的工作交给下属是常有的、极为普通的事，这和前文说的时机完全不同，在这种场合下，下属是绝不可以随便吐槽的。

捕捉"亲密无间"的那一瞬间

说到这里你可能就明白了，可以亲密无间、没大没小说话的瞬间，就是上下级关系暂时解除、双方变成对等关系的那一瞬间。

如果对上司能运用好"亲密无间"的话语，就会形成"对等的同伴意识"，相互间的距离也能瞬间缩短。而且，在对方开着你的玩笑或者说话轻佻的时候，用同样的表达方式回复，也是一种自信和不示弱的表现，无形之中起到了牵制对方的作用，从这种意义上来说也是有用的。

当然，我们也要考虑到，这种“亲密无间”的话语能否达到预期效果与说话对象自身的气场有关。如果上级是一个不太容易接近的人，与自己的关系也很一般，甚至只是生意伙伴中的上司，这样做未必会有好的效果。因此，想使用这条“亲密无间”法则的人可以找真正关系不错的上司试试。

多聊一句

不错过可以说“亲密无间”话语的信号。

即兴达人说

只有在吐槽和搞笑的氛围中，这样做才是被允许的。

措辞方法 5
察言还需观色

会表达的人　说话声情并茂

不会表达的人　说话苍白，没有感情

我们在商务场合经常会遇到这种情况：一个初次见面的生意伙伴用社交辞令对你的工作问这问那。比如，对方很可能嘴上说着“哇，您真是精英呢！您太厉害了”，但心里却不以为然。这种时候，尽管你已觉察到对方明显对自己不感兴趣，但还是不得不跟他聊工作的事。于是，双方便这样无比尴尬地聊下去了。

其实，这种人的表达力很弱，就只知道在说辞上花工夫，以为只要说了“精英”“厉害”这种对方可能喜欢的话，就不会冷场，其实不然。我在前文中就已经说过，心口不一的表达只会让听者扫兴，让气氛尴尬，最坏的情况还有可能让对方觉得自己被嘲弄了。

那么问题来了，表达力强的人又是怎样处理这种问题的呢？其实对他们而言，最花心思的不是向对方说些什么，而是如何才能让自己声情并茂地聊这个话题。

这么说或许有点难懂，我来举个例子。

比如，对方和你聊宠物的话题，可是你一点也不感兴趣。请注意，即使同样是“不感兴趣”，会表达和不会表达的人在应对方式上也大不一样。

不会表达的人会说一堆漂亮话，然后又告诉对方自己对宠物不感兴趣。他们通常会说：“唉，你喜欢宠物呀！养了三只狗？得花不少钱吧？真是了不起呢。我可没钱养啊，要是买了宠物饲料，我吃饭的钱可就没有了。”

话一出口，无论如何解释，都会让听者觉得自己仿佛被嘲弄了一般，他们会想："充其量就是个宠物，怎么可能花那么多钱？"

讲真心话，别人才愿意听下去

会表达的人并不会绞尽脑汁地去说迎合的话，而会在大脑中搜索自己与动物的趣事。如果这个人换作我，结合自身经历，我会如此回复：

其实，我在上高中的时候体验了一次骑马。当时，我骑的那匹马被跑在前面的马踢到了而受到惊吓，突然发狂乱跳，我吓得不轻，觉得自己快要摔下来了。就是从那时开始我就特别害怕动物，更别说养了。

因为我有骑马的恐怖体验，所以能够声情并茂地讲述出来。这样的表达不乏诚恳，也就不会让对方感到自己的兴趣被轻视了。

而且接下来对方也可以有话说："确实是太可怕了！不过，狗、猫和马是不一样的吧。"这样，大家就能自然而然地聊起来。

由此可见，我们没有必要在多余的社交辞令中过分地找装饰性词语，而应该去寻找能够让自己真正想聊起来的话题。

多聊一句

放弃美丽的辞藻，选择能倾注感情的故事吧。

即兴达人说

重要的不是说什么，而是表达中的感情。

措辞方法 6
照顾对方的情绪

会表达的人 | 以适当的情绪开启话题

不会表达的人 | 一开始就情绪高涨

在社会交际中，有的人能迅速调整自己的说话节奏，随时进入情绪高涨的状态之中；有的人却按照自己的节奏慢条斯理地来，要花很长时间才能进入状态。

当这两种状态的人相遇时，节奏缓慢的一方往往会因为对方情绪超出了自己的接受范围而立刻变得慌乱失措，不知道说什么好了。这一点与演讲者在很多人面前讲话的情况相同，如果他一开始就情绪高涨而听众却没有做好心理准备，结局只能是演讲者说得津津有味，但听众却跟不上其节奏和高昂的情绪，这种反差会让听众觉得不知所云。

其实，大多数日本人都属于无法快速提升情绪的“慢热型”。因此，若想与对方实现良好的互动，猛然将自己的情绪调到最大值的做法并不可取。

如果听者的情绪一直很低，相关的话题也很难聊得起来，你的兴致也会荡然无存。所以，以适当的情绪开启话题，再慢慢将听者的情绪调动起来，是十分必要的。

如何才能做到这一点？其实，只要说话者保持以听者能够接受的“最大情绪值”来说话就可以了。具体的做法就是说话者要找到听者处在跟上与跟不上之间的一条微妙的情绪高度线，并让聊天的感觉保持在这条高度线以上，保证听者的情绪始终在可接受的范围内。我有一个好办法，就是可以主动地与听者对视，观察其反应，从而调节自己情绪的高度。

比如，在对视的时候，听者虽然没有说话，但是有了笑容，此时就是刚刚好的状态。相反，如果你想和听者对视，而他却立刻移开视线，这就表明你的情绪提升可能过头了。

如何进行调整和应对，让对话持续下去

在听众对你的玩笑反应甚微的时候，你可以说：“这里不是笑点哦！”“咦？好奇怪！之前每次说到这里大家都会笑的呀！”也就是说，你可以用类似的话向听者寻求反应。或者当你讲完一个笑话后，你可以接着说：“或许这样大家就不会觉得沉闷啦，我想着不时讲点笑话，让我们的对话能愉快地进行下去，这也是有效的方法吧。”

这些话在一定程度上会让听者觉察到气氛开始变得沉闷，意识到自己应该提升一下情绪，应该笑一笑。

在现实生活中，补习班的讲师和学校的老师会经常使用这些语言。其实背后的道理都是一样的。

通过这样的语言互动，听者自身的情绪便会提高，能更加愉快地听下去。

所以，想成为即兴表达力强的人，就需要一边找寻听者情绪的最大值，一边在必要之处提醒听者，将气氛慢慢提升起来，这样也避免了因情绪提升过头而带来的尴尬。

多聊一句

要弄清对方情绪的容许范围。

即兴达人说

情绪表达得过了头会带来尴尬。

措辞方法 7
练就眼力见儿

会表达的人 | 如果觉得气氛很尴尬，就立即停止搞笑

不会表达的人 | 明明很紧张，却拼命调动气氛

与人聊天时，不善表达的人常常会营造出一种莫名的紧张气氛。

如果只是紧张还好，可他偏偏一边让大家局促不安，一边还要拼命讲段子，结果“把天聊死”了。这种实在窘迫的表达方式让不相干的人都觉得十分尴尬。

明明自己已经很紧张了，却还想拼命搞笑，这类人紧张的根源就在于太过执着地想让大家觉得他说话很风趣。

请大家回想一下我之前说过的“打了鸡血的家伙快走开”这句话吧。越紧张，越想风趣，就越适得其反。

我们需要冷静地考虑一下在即兴表达中搞笑的必要性。艺人说段子时的确需要适当风趣，那是为了让节目好看，但我们普通人在日常生活中有非得搞笑不可的场合吗？

实际上，风趣只是一种表达方式，而不是全部。在生活中，没有非得搞笑不可的场合，有的只是“今天我要搞笑”这种你为自己设置的心理障碍。

其实，我以前特别腼腆，只要在人前说话就会变得无比紧张，自己难受，别人也跟着难受。但是我又深知对容易紧张的人说“别紧张”是无济于事的。

因此，比起教会大家如何成为说话风趣的人，我更想和大家分享的是在任何紧急的状况下都不会冷场的表达技巧。

搞笑与即兴表达是两码事

我们要抛弃“想搞笑”的想法，主动从搞笑的情境中逃走，将“我必须搞笑”这件事彻彻底底、干干净净地剔除掉。这样做的原因很简单：如果自己都没有做好心理准备，那是绝对无法成功搞笑的。盲目地去挑战无法预测的事，无论对于说话者本人还是听者，都没有任何好处。

具体可以这样做：先将自己从尴尬的冷场状态中解救出来，再找机会调动气氛。

在人前说话也许还不算难，在很多人面前谈笑风生是一件更难办到的事。因此，你在学会在人前好好说话之前就想着去搞笑，这本身就是错误的。也许你在与人交谈时十分风趣，但要是在众人面前讲话时出现了这种尴尬的冷场局面，你平时积攒的口碑都救不了你。就算你平时是一个幽默风趣的人，但此时也可能被当作不会说话的人。所以，我建议大家，从现在开始不要先想着如何惊艳全场，而要慢慢积累在人前好好讲话的经验。当好习惯养成以后，再去挑战爆场的表达方式。主动避开自己不擅长的，当自己的能力提高后再去尝试新的挑战，这是成为即兴表达达人的必修课。

多聊一句

适时地从只想搞笑的想法中逃离。

即兴达人说

慢慢积累在人前好好讲话的经验。

措辞方法 8
降低你的笑点

会表达的人	容易被外界情绪感染
不会表达的人	过于高冷，不爱说笑

有这样一种人，大家都在笑的时候他却不笑，摆出一副很扫兴的样子。“扫兴”就像传染病一样，在一个说话场域中，即使只有一个这样的人，也会让全场的气氛变得莫名尴尬。

也就是说，即使你一言不发，但仅仅是因为你和别人的笑点不一样，都有可能被大家嫌弃。

因此，要想成为受欢迎的说话达人，就有必要降低自己的笑点，对普通人觉得好笑的事也能笑得起来，这一点非常重要。

其实，如果我们细心观察那些活跃在荧屏上的搞笑艺人，就会发现有的人笑点低得惊人。

笑点低有 2 个好处。

1. 每当有笑料穿插，气氛就会变得活跃，于是讲话者就会受到鼓舞，讲得更加起劲。无论即兴表达技术多么高超的艺人，都会因为有人对自己的讲述开怀大笑而信心倍增。
2. 有的人会因为别人笑也被带动而跟着笑，高涨的情绪会传染，全场都会热闹起来。

实际上，很多日本综艺节目为了让观众也跟着笑起来，会事先安排部分观众进入摄影棚录制笑声，并在节目播出过程中根据需要“追加”笑声。

适当降低笑点的方法

当然，如果你对什么事都会哈哈大笑，有可能被别人看成“傻瓜”。

例如，那些连筷子掉了都会觉得好笑的日本高中生对于毫无乐趣的事也会大呼：“好搞笑！”估计我们大多数人都不愿意成为这个样子。

其实，还是有办法在不露出这种“傻样子”的前提下，成为一个容易被外界情绪感染的人。

那就是在别人笑的瞬间，你也不失时机地笑。不发出声音都可以，总之先努力把你的笑容挤出来。

读到这里，也许有人会质疑：“我们必须对自己诚实。”但是，具体问题要具体分析，在这种气氛下确实有必要强迫自己笑。

现代科学已经证明，人类的表情主要是受面部表情肌控制的，通过运动面部表情肌让自己笑，很可能会引导你对讲话人的话题感兴趣。如果你不相信，觉得我在骗人，就请咬着筷子，用强迫自己笑的状态去看一部喜剧片吧，你应该比闭着嘴看的时候更觉得这部电影有意思。

坚持让自己因为对方的话而发笑，这样你的笑点自然会变低。我也是通过这种方法，练就成一个善于说笑的人。和年轻时的自己相比，我的棱角确实少了很多，笑点也确实低了很多。

有的人容易受周围环境的影响，容易被别人的情绪感染，有时会平白无故地笑起来——要说这是傻，也确实有点傻。但是，怎么看他都没有什么太大的损失。有的时候，为了活跃现场气氛，适当逼迫一下自己也是有必要的。

多聊一句

只要你笑一笑，任何话题都有可能变得有趣。

即兴达人说

为了活跃气氛，有必要适当逼迫自己。

措辞方法 9

善以物举例，勿拿人作比

会表达的人 | 觉得不好回答时，会兜圈子

不会表达的人 | 拿人打比方，冒犯别人

如果比喻得恰当，将对方比作某人的确是一个能够立即取悦对方的办法。这对于擅长此法的人而言，确实简单有效。

但从另一个角度来看（虽说不一定会变成那样），毕竟是和他人比较，如果操作不当，可能会深深地伤害对方，结果搞得大家无话可说、不欢而散。

例如，前不久在一家酒吧里，有一个 60 岁左右的女士来找我搭话。我就实实在在地踩进了她的“雷区”。

这位初次见面的女士问了我一个挺奇怪的问题：“大家都说我像某个明星，你猜猜我像谁？”

我心想，初次见面一定不能因说话失礼而惹怒人家，既然是上了年纪的漂亮女性，那就应该数吉永小百合最有名了。

对方听了却淡淡地说：“吉永都 70 多岁了吧？我还没有那么老吧？”就这样，我本以为照顾了对方的情绪，结果却还是“踩了雷”。

老实说，酒吧里面光线不好，我不太容易判断出对方的年龄。我平日里对吉永小百合也并不是很关注，所以也不知道她到底是不是 70 多岁了。

当时，我心里也有些不悦，心想：“那你到底想让我说你像谁呀？”

但我是成年人了，必须用笑脸应对。

于是，我连忙说道："吉永有那么大年纪吗？我还一直记得她年轻时候的样子呢。无论如何，我觉得您穿和服时和她一样有魅力，哈哈哈！"尽管我拼命解释，但估计也于事无补了。

拿人作比原本就是一件高风险的事

就像这样，说话人本是出于善意，当事人却认为对方故意放大了自己的缺点，这种事情在现实生活中经常发生。

当然，打比方的那个人也可能举了一个自己并不十分了解的例子，便在不知不觉中，给出了一个略显失礼的回答。可见，将对方比作他人来取悦对方的方法，除了对非常熟悉的朋友之外，还是不用为妙。

若你遇到了像这种非要缠着问"我到底像谁"的人，不得不回答时，建议你使用以物作比的方法，以求过关吧。

例如，面对刚才提到的那位一心求表扬的年长女士，你可以这么说："与其说您长得像谁……要我说的话，我更觉得您像指路明灯，在黑暗中也闪闪发光！"

这样的表达虽然听起来并不多么巧妙，但使用以物作比的方法还是能恰当地取悦对方，并且可以马上转换话题的。我认为，这不失为一个好用的方法。

总而言之，以这种“兜圈子”的方式避开对方的提问，至少比让对方生气好得多。因为，除了对于你很了解的人之外，将对方比作另一个人，都是一件很危险的事，这样做极有可能触碰对方的底线。所以请三思而行，绕道而行吧。

多聊一句

以物作比，便会安全过关。

即兴达人说

以“兜圈子”的方式避开对方的提问，比让对方生气好。

措辞方法 10

话锋清奇方能妙趣横生

会表达的人 | 使用专有名词和特定场景

不会表达的人 | 使用抽象、难懂的语言

说起关根勤先生，他可是活跃于日本文艺界多年的老艺人了。

其实，关根勤先生并不属于哪一派别，他之所以深受大众喜爱，是因为他是一个超级有才华的人。

在关根勤先生经常使用的表达技巧中，也有我们普通人容易模仿的技巧。大概绝大多数的日本人都在电视上领略过“关根勤式举例”吧。

例如，他会这样比喻：“你那锐利的眼神啊，和泰国的国民英雄拳王播求比赛前的眼神一样。”他善于通过这样的表达来制造效果。

不过，据我观察，能够掌握这种表达技巧的人并不多，所以我们在说话时还是尽量少用为好。实际上，关根勤先生的表达手法也只是乍一眼看上去很厉害而已，其构造是非常简单的。

现在，我们就来分析一下“关根勤式举例”的独特构造。拿刚才的例子来说，他的表达有以下 2 个特征。

1. 拳王播求这个人物形象对于一般日本人来说是陌生的。
2. 即使不认识这位泰国拳王，几乎所有人也都能想象出他在比赛前的锐利的眼神。

所以，实际上关根勤先生所表达的不过是很简单的意思，即你的眼神和一个很厉害的泰国拳王在比赛前的眼神一模一样。这是谁都能听懂的话。

可是，如果加上一个陌生人的名字，便增加了无法预料的趣味性，“关根勤式举例”的构造便形成了。

举例的技巧：专有名词 + 特定场景

于是，我们可以推导出即兴表达中举例的技巧：专有名词 + 特定场景。

当你在以某物作比时，应该尽量将此物具体化。例如，如果你想表达“像熊一样强壮”就可以考虑使用下面 2 种说法。

1. 专有名词：就像登别熊牧场的熊老大大吉一样强壮。
2. 特定场景：就像为了保护小熊，毫不惧怕驱熊铃，冲着人们横冲直撞的母熊一样强壮。

对于普通人来说，能够立刻想到具体的场景或许比较困难。但是，只要有所准备，在表达中加入专有名词应该是不难的。

我建议你平时多储备一些有关人或动物的冷知识。

还有一点需要注意：即兴不是完全随性，即兴表达并不意味着要当场整理思路。平时就储备一些用起来方便又颇受好评的段子是提高即兴表达力的重要手段。

多聊一句

注重平时积累，大胆用例。

即兴达人说

即兴不是完全随性，刻意练习，让即兴有备而来。

措辞方法 11
开玩笑也要有分寸

会表达的人 | 模仿别人却不惹恼对方

不会表达的人 | 因模仿别人而惹恼对方

曾经有一位艺人因为模仿了一位有名的演员而被告上法庭。

的确，我们如果掌握了模仿这门技艺就可以很容易把人逗笑，但这样做有时也会因此惹恼被模仿的人，甚至产生纠纷。

因模仿而产生的纠纷，仅仅是在演艺界才有的吗？答案是否定的。虽然没有闹到要打官司的地步，但是我们普通人因为自己被模仿而导致大家不欢而散的事情也经常发生。

可是，还有一种人（可能是一位专业人士，也可能是一个外行），他无论模仿谁，都能和被模仿的人维持良好的关系，完全不会出现任何问题。

那么，这两种类型的人究竟有什么区别呢？

区别在于他们在表达和模仿的过程中是否真正实现了戏剧化和玩笑化。

实际上，不会惹出麻烦的人一边模仿，一边创造出了新的喜剧效果。而那些经常惹恼“本主”的人总是一味夸大模仿对象的缺点或某一特征。

我在学生时代也干过因为模仿别人而惹人生气的事。

当时，为了模仿一个下巴很长的朋友A，朋友B表演了一段安东尼奥·猪木[①]的模仿秀。朋友A看了便哈哈大笑说：“这可不是我，是猪木哦！”

---

① 日本职业摔角运动员。他的长相很独特，他长着一个长长的下巴。——编者注

轮到我表演了。我准确地模仿了朋友 A 找班上女生搭讪时的羞涩样子。不出所料，我的这个表演更搞笑。

然而，朋友 A 却发火了："我生气了！"他狠狠地瞪了我一眼，还在我肩膀上捶了一拳。

模仿只有做到超越才会"安全"

既然要模仿，你就必须夸张到让对方想反驳"我才不是那个样子呢"，否则，你就有可能惹怒对方。

只有像人气艺人肉饼先生那样几乎不留下模仿对象痕迹的超越式模仿才是最安全的，这样模仿才不会惹得别人不开心。实际上，肉饼先生和模仿对象的关系都很不错，他们还会经常一起演出。

当然，也有一种人，无论如何都不愿意被人模仿。刚刚提到的那个把别人告上法庭的演员就属于这种类型的人。

这里涉及一个关键问题：就算你自己觉得"这种程度的模仿

绝对没有问题”，但是对方和你的感觉是不同的，所以他有可能会感到厌烦。

这种感觉上的差异是无法消除的，所以，哪怕你只稍微模仿了一下，如果让对方感到些许不悦了，那就应该立即收手。

多聊一句

尽量让模仿离谱点儿，这样做会更具搞笑效果。

即兴达人说

如果让对方感到些许不悦，就要立即收手。

.05 实践

7 个应变能力：适时调整，因临场环境不同而变化

应变能力 1
尴尬场面：遭遇冷场莫慌张

	会表达的人	将冷场变成爆场
	不会表达的人	一直冷下去

无论表达技能多么高超的人，有时候也会遭遇“滑铁卢”事件。当然，在冷场的一刹那，他们在精神上也会受到严重打击。

但是，有经验的表达达人会将冷场变成爆场。

我们一旦遭遇一次冷场，弄不好一整天都会无精打采、垂头丧气。

其实，我反而觉得，哪怕遭遇了失败，如果能以此为契机，让它引爆新一轮场子，那么你之前的失败就会被一笔勾销了。

况且，大家会更佩服那种能及时救场的人，认为他们技高一筹，是真正的“爆场王”。

将冷场变成爆场的 3 个秘诀

我有 3 个秘诀能将冷场变成爆场。

1. 当你感到自己“好冷”的瞬间

场下的人用眼神告诉你，好像冷场了。这时，你还能做些什么？你可以在中途停止讲话，语气坦率、表情疑惑地说：“咦？难不成刚才有点冷场了？”这样做很有可能会引起笑声，貌似快要凝固的空气也会开始慢慢融化。

要打破僵局，主动出击。这个方法的适用性很强，无论是“1 对 1”的对话，还是朋友间的聊天，或者是“1 对多”的演讲——不论地点，任何场合都适用。

这个方法尤其在你对着众人讲话，场下却毫无反应的时候最为奏效。只要按下这个“救场键”，讲话者的焦虑和听众的无聊都能在瞬间被消解。

当你在众人面前讲话却觉察到气氛不对的时候，请务必试一试这个方法。

2. 当你感到别人“好冷”的瞬间

如果某人讲了一个笑话，却让人觉得很冷，而谁都不知道该说点什么好。可以想象，尴尬的沉默会在瞬间笼罩全场。

在这种情况下，你可以说一些与当场发生的事情有关的话，比如“刚才那件事挺有意思的”。当然，一定要注意对方的反应和发言的时机，只要你与听众形成了一定程度的共鸣，轻松的气氛便会重现。

3. 有时也可以“炒冷饭”

这个方法适用于听者知道你曾经那次冷场经历的情况。你可以尝试这样说：“当时太可怕了，我真是脸面全无、遍体鳞伤。”

你可以趁机简单回顾当时冷场的全过程，然后以“都冷成这样了，你要我怎么办”作为总结。回顾自己的失败经历，听者便自然会吐槽：“你当时咋想的呀”。于是，在这一来一回的互动中，就会产生很好的现场效果。

实际上，现在人气很高的脱口秀演员也常把他们刚入行时的冷场经历当成笑话来讲，这也属于“自黑段子”的一种，可以给对方带来亲近感，如果运用得好是很有效果的。

因此，在即兴表达中，即使遭遇失败也不要当这个场子的逃兵，只要学会救场的技能，就总有机会让你扳回一局。

多聊一句

把冷场看作引爆全场的契机。

即兴达人说

“自黑”救场，也能扳回一局。

应变能力 2
负面事件：逆转话题，改变“画风”

会表达的人 | 用负面体验制造话题

不会表达的人 | 就事论事，不懂变通

如果我问大家：“你们认为受伤或者遭遇事故是一件悲伤的事吗？”那么，几乎所有人都会回答：“是的。”

然而，果真是这样吗？如果我们翻看漫画书，就会发现很多漫画人物被恶搞的情节。

例如，在全世界都享有超高人气的动画片《猫和老鼠》中，汤姆猫和老鼠杰瑞总是在打架争吵，互相恶搞。

它们经常为了争夺柜子下的一张毯子而流血受伤。从暴力美学的层面上讲，可以说这部动画片和著名导演彼得武的黑色幽默电影有相同之处。

尽管如此，全世界的孩子看了仍然会哈哈大笑。

可见，能够逗人发笑的故事，并不一定产生于开心的经历。

尽管是不幸的、让人着急的这些负面的事，只要充满激烈的情感，就有潜力成为一个吸引人的话题。因为，会表达的人就是擅长把任何经历都变成话题。

顺便说一句，彼得武之所以能在黑色幽默电影中获得巨大成功，我想原因也在于此。彼得武抓住了观众的心理，巧妙地混用了搞笑和暴力这两种不同的表现形式。

然而，无趣的人是没有能力把负面的事情变成话题的。

他们误认为“搞笑的事 = 开心的事”，总是嘟囔着“本来就没有什么好讲的啊……”，而忽视了生活也有不好的一面。

学会利用负面体验

要想成为说话风趣的人，首先就要掌握这样的本领：将自己讨厌的、难为情的事转化成听起来很有趣的事。

我想和大家分享的一句话是“你认为无关紧要而不以为然，实际上并非如此”。下面，我想讲一讲我遇到的一件倒霉事儿。

有一天，我在外面吃饭，我的纸巾掉到了地板上，于是我弯腰把它捡起来。

可是，我当时是一边看手机一边捡纸巾的，所以头就狠狠地撞在了桌角上。虽然撞得很重，我却不觉得那么痛，所以也没有特别在意，就径直回家了。

当时是夏天，我一边走一边想“今天可真热啊”，伸手去擦额头上的汗。

但是不知道为什么，我发现那些和我擦肩而过的路人都用异样的眼神看着我。我心想“好奇怪啊，为啥都在看我呀”，不禁看了一眼自己的手。

这一看可不得了，我居然满手都是血！我还以为是额头上的汗，其实全是血！再仔细看看，我的脸上和衣服上全都沾满了血。

那一瞬间我陷入了恐慌，之前一直都跟没事人一样，但突然间就感觉到自己贫血了，马上就要晕倒，怪不得大家都盯着我看呢！

如上所述，这件倒霉事儿不论怎么看都是一次不幸的流血事件，但只要略微改变一下表达形式，就可以成为一个有意思的话题。

因此请记住，你现在遭遇的不幸，也许将来就是一个必不可少的话题储备。所以请肯定负面体验，学会利用负面体验，这样做你也会活得更加轻松。

多聊一句

倒霉的经历最适合改编成热门话题。

即兴达人说

转变看问题的视角，才能改变“画风”。

应变能力 3
吐槽窘境：巧妙利用“毒舌”

会表达的人	把吐槽做得恰到好处
不会表达的人	说话过于刻薄

我们身边总会有那么一个人，他会毫不掩饰自己说话刻薄的毛病，并经常把“我很‘毒舌’哟！”这句话挂在嘴边。

这种人普遍认为，只要敢对别人说出平时一般人无法说出口的刻薄话，就能够产生轰动效果。

他们在一场对话中往往处于强势地位，属于即使吐槽了别人也会被原谅的人，而被中伤者则处于弱势地位。“毒舌”实际上是以强凌弱的表现。

于是被攻击方和周围的人也只能强颜欢笑。说实话，大家就算认为这个“毒舌”的人说话不得体，但在那一刻还是会觉得他挺有趣的。

但是这种状态是不会持久的，大多数人都不愿意接近这种过于“毒舌”的人，因为不知道什么时候，自己就会成为他们攻击的对象。

于是，无论什么事大家都不愿意叫上他，理由就是“我和那个人相处不来，还是别叫了吧”。

尽管如此，最近的综艺节目里的“毒舌”艺人却非常受追捧。

松子小姐、有吉先生、坂上忍先生等顶流艺人都很擅长辛辣的“毒舌”谈话。所以，我们也可以理解那些跃跃欲试，想秀一把自己“毒舌”技能的普通人的心理了。

然而，现实生活有别于综艺节目，吐槽大会不能拿到现实生活中开。我们普通人对“毒舌”的反应是完全不同的。

电视是“单方向”的媒介，表演者无论多么“毒舌”，也不是以观众为对象的。而且被“毒舌”攻击的人也是自愿参加节目录制的，所以即便遭遇“毒舌”，也不会有任何怨言。

因此，观众可以在一个绝对安全的地方，安心享受吐槽带给自己的乐趣。

恰到好处的吐槽方法

有时候，吐槽社会问题能够增进同理心和产生共鸣，拉近说话双方的距离。在生活中，就有把吐槽做得恰到好处，而颇受欢迎的人。

下面，我来介绍一下不让大家感到厌恶的“刚刚好”的吐槽方法。

简单地说，就是不要针对特定的某个人，而要针对某些社会问题或标签式的人物。当然，自己吐槽自己也是没有问题的。

- 吐槽社会问题：批评发生一点点小事就立即煽风点火、唯恐天下不乱的“网络喷子”。
- 吐槽标签式人物：讽刺爱炫耀的“凡尔赛”群体。
- 吐槽自己：讲讲自己干的那些糗事。

我们可以想一想专门吐槽“中老年”这个特定群体的“绫小路式‘毒舌’”（绫小路是日本著名艺人）。

一般而言，像这样的表达方式不仅不会引起具体某个人的不快，而且有助于增进同伴间的信赖关系。因为，人类更容易通过制造共同的敌人实现内部的团结一致。

还有一个办法，就是讲讲自己干的那些糗事。无论对自己怎么“毒舌”吐槽，听者都不会认为“下次就轮到我了”，所以我们完全可以放心大胆地尽情吐槽自己。

会表达也要讨人喜欢，虽说人生如戏，但戏终归不是人生，不可当真。在生活中，受欢迎、有人听才是你进一步展开话题的必备要素。吐槽有技巧，“毒舌”有界限，掌握方法和分寸，你就能成为一个讨喜的即兴表达达人。

多聊一句

在日常生活中，适合吐槽的对象是环境或自己，而不是他人。

即兴达人说

既要引起关注，也要讨人喜欢。

应变能力 4
朋友谈心：把握说话分寸

会表达的人 | 注意和朋友说话的分寸

不会表达的人 | 对朋友毫不避讳、口无遮拦

或许不少人都有过这样的烦恼：和朋友聊天讲段子时，本以为一定会讨个“满堂彩”，结果怎么就收效甚微呢？

究其原因，你会发现这是因为自己对亲密程度的预测有偏差。和朋友聊天的时候，你会认为“因为是朋友，所以他们很了解自己”。但实际上，对方并不一定能准确把握你的定位，因此不敢轻易说太多冒失的话。

例如，你有一个老朋友，35 岁左右，男性。攀谈中，他抛出这样一个话题：“果然男人过了 30 岁，不花钱就没有姑娘喜欢啊！年轻时的那一套行不通了啊！”

他本人或许想被朋友吐槽：“你年轻的时候也不见得多受欢迎啊！”，以此逗得大家哈哈大笑。

但是，除非你与他相当要好，能完全把握他的心理和人设，百分之百确定他能开得起玩笑，否则你是无法这样吐槽的。

我想大多数人遇到这种情况都只会比较客套地说：“是吗？你现在不也挺受欢迎的吗？”就算再狠一点，你也只会说：“既然青春一去不复返，那就努力赚钱，借用一些金钱的魅力吧！”虽然你们是朋友，但彼此还是顾及对方的心情的，也就只能说些无关痛痒的恭维话了。

其实，我们经常会丝毫意识不到朋友的友情暗示，会完美地避开他们想让你接的话。

例如，有些话自己可以说，但从别人口中说出来就感觉变了味儿。

- 我家孩子太笨了，真是让人头疼。
- 我男朋友最近开始秃顶了，发际线堪忧。

如果你的朋友抛出这样的话题，你应该怎样回答呢？

脱口秀演员会这样说：“什么？你那个男朋友，不但长得丑，而且居然还开始秃顶啦？可除了他也没人要你了，你还是赶紧结婚吧！”

但是，你能这么说吗？

显而易见，我们普通人在交互式对话中一般都会优先考虑对方的感受，做一些常规的回应：“啊，是吗？那可有点麻烦了。”

如果你这样说的话，估计对方就算想接着吐槽也找不到槽点，话题几乎终结，气氛自然会变得十分尴尬。

不能对朋友说的 2 种话题

下面，我想告诉大家绝对不能对朋友说的 2 种话题。

如果你经常感觉自己一说话，朋友就面露难色，聊天也不投机，就请努力避免以下 2 种话题。

1.“毒舌”系话题：吐槽与自己关系密切，而听者略有所知的人

例如，在上面的案例中，说话人吐槽自己的孩子和恋人，而听者若是对其关系略知一二，回答时就应该多加小心。

如果被吐槽的对象不是自己人，而是局外人（如不成器的小师弟），对听者来说是“陌生人话题”，那么听者倒可以无所顾忌地跟着起哄：“真是的，这种人简直太糟糕了！”

2.“自黑”系话题：你可以“自黑”，但别捎带着别人

比如，一个感觉生活过得紧巴巴的正式职员吐槽自己没钱，

却还非要裹挟一个临时工一起抱怨。我想这样的聊天肯定会不欢而散。

因此不要因为是朋友就毫不避讳、口无遮拦，一定要时常提防聊天中的 NG[①] 话题。

多聊一句

正因为是朋友，所以更要谨慎选择话题。

即兴达人说

时常提防聊天中的 NG 话题。

① 全称为 No Good，意为不好，引申为拍摄中导演不满意演员表现而叫停。——编者注

应变能力 5

职场沟通：表达中的主导权

会表达的人｜灵活调整表达中的主导权

不会表达的人｜被动接受，让人牵着鼻子走

职场中的即兴表达是有特殊性的。因为，职场中的表达和家人或朋友之间的私下聊天不同。在职场中，你的说话对象不一定是与你志趣相投的人。

而且，职场中的表达有太多不得不考量的因素，比如上下级关系、老少尊卑等。因此，有这样一种人，他们在亲密关系中能够自如表达，但是在职场中的表达却变得枯燥无聊。

如何在人际关系极其复杂而微妙的职场中自如开口、流畅沟通？下面，我就来说一说表达中的主导权。

一般情况下，聊天中都有主导方和被主导方，这并不一定和上下级关系完全一致。例如，上司和下属在聊天，也并非每个回合都是上司在主导话题。

在即兴力理论中，表达中的主导权强度用“位置高 / 低”来表示。职场中，大多数人都根据自己的喜好选择说话时的位置。

你对主导权的高低定位偏好，大致可以从你和上级、长辈的关系是否和睦，你是否能和下属、晚辈融洽相处等方面进行判断。

我们在和上级、长辈聊天时，很多情况下不得不将说话的主导权让渡给对方。经常这样做的人属于不善于和领导聊天的类型。

而能与下属、晚辈融洽相处的人则完全相反，他们应该更喜欢自己主动开启话题。

我认为我喜欢在聊天中占主导位置（偏好于主导权高定位）。

事实上，我和领导一起聊天时，我一般会滔滔不绝，并积极地尝试幽默风趣的话风。

不过，在必须让渡讲话主导权的时候，我就会变得特别识趣。在这种情况下，如果不将主导权完全让给对方，就会因为说得过多，而显得絮絮叨叨。

表达中的主导权会影响自我定位

是否拥有表达中的主导权会极大影响你对自己的定位。

和我一样不愿意让渡讲话主导权的人请记住一条准则：将发言总量控制在整体聊天的一半左右。说得过多不行，过于沉默也是不妥的，而“一半”则刚刚好。

因为你原本就不是不会聊天的人，所以只要这么做，大家反而会更加看好你。

在一场谈话中，如果你希望别人能主导说话，就可以直接向对方表示自己让渡主导权的意愿。

例如，你和晚辈聊天的时候，如果你和对方都不想掌握聊天的主导权，那么大家就只能沉默着。

这时，你可以试着说："我平时说得少、听得多。难道我俩是一种类型的人？"

这样一说，僵局便会被打破。对方会瞬间接收到你的暗示，于是他即使不能完全放得开，也会慢慢地聊起来。

可见，在职场中，若是想成为会表达的人，首先就要进行自我评估，明确自己的喜好和类型。同时，要注意扬长避短，这样你就有望成为谈话中的焦点人物。

多聊一句

职场中的表达要注意主导权。

即兴达人说

首先要知道自己是哪种类型的选手。

应变能力 6
约会时刻：营造共同作业氛围

会表达的人 | 把对方拉入话题，共同探讨

不会表达的人 | 一头热地谈笑风生

大家有没有相亲的经历？接下来，我想聊一聊和相亲对象聊天的时候，如果想让自己显得有魅力，在开口说话时应该注意些什么。

我猜有的人至今还珍藏着一本约会经验手册，手册第一页上就记录着："对这样的女生（男生），说这样的话题有用！"

我打算针对这些问题，和大家分享约会中的表达技巧。

请问，在和朋友的朋友、以前没见过的街坊邻居等初次见面的人说话时，你会抱着一种怎样的心态呢？

我觉得在一般情况下，大家心里想的应该都是“开心地享受聊天的过程”吧。

因此，无论在这个过程中对方的反应如何，只要从结果来看对自己有益就好。

然而，与相亲对象约会的情况就不同了，其目的性明显比前者更强——是为了“成为伴侣”或“进一步加深彼此间的感情”。

因此，在约会中单方面一头热地谈笑风生并不是好的状态。

这样一来，自己准备的话题必然经不住频繁约会的消耗，对方可能很快就会觉得厌倦。

所以，取而代之的，应该是共同作业，即通过两个人的交互式表达共同营造良好的说话氛围。

这种情况就不再是讲话和听话的绝对化分工了。如何创造出两人共同挖掘同一话题的说话氛围，至关重要。

3 个技巧顺利推动聊天中的共同作业

顺利推动聊天中的共同作业有以下 3 个技巧。我们可以留意一下，多练习几次。

1. 自己不要说得过多

我在前文中阐述“表达的主导权”这一问题时就已经提到过，认为自己唠叨的人请注意将发言总量控制在整体聊天的一半左右。

2. 认同对方的话题

努力去发现对方话题中有意思的地方，尽量给予夸张的反馈和赞许的笑声。

3. 聚焦一条话题线

如果你被对方提问，一定要接着这个话题深度回答。好不容易才让对方有了兴致，这时如果你又抛出其他话题，那就很难深入聊下去了。

在这些基础之上，最后要有意识地总结对方的发言。这也是鱼叔经常使用的技巧。

例如，鱼叔曾在电视节目中聊起结婚的话题。当时，被采访的女艺人多次表示“如果觉得收入不稳定就不能结婚”。

于是，在节目的最后，鱼叔半开玩笑地总结道：“的确，我们谁都不愿意和生活在纸箱子里的人结婚……”

如上所述，“的确＋略微夸张的总结”模式在创造共同作业的氛围方面非常有效。

大家可以多尝试几次这样的总结方式，它总会在某一时刻正中对方笑点，带来不一样的效果。

当然，不要以为一两次就会有效果，但如果你尝试的次数多了就一定会成功，所以不要泄气，坚持努力吧。

多聊一句

要通过共同作业营造良好的谈话氛围。

即兴达人说

不妨试试“的确 + 略微夸张的总结”模式。

应变能力 7
公开讲话：沉默是对话的休止符

会表达的人 | 合理利用沉默期

不会表达的人 | 害怕沉默，容易怯场

我们大多数人并不擅长在公众面前谈笑风生。

无论是“1对1”，还是“1对多”，你平时和别人说话的时候，一定会收到对方的反馈。于是，根据对方的言行，你就能比较容易地判断出自己接下来应该说些什么。

然而，在公众面前说话时，听众基本上都是一言不发的。在这种情况下，对于讲话者来说，他们就失去了“对方的言行”这个“晴雨表”，大脑常常是一片空白的。

那么，这时我们应该如何是好呢？你可以集中关注你眼前那个反应最大的人。然后，你就一边想着“我要打动这个人”，一边接着讲下去。

如此一来，你就不会觉得自己是在和“连是否在听都不知道”的对象说话，你就会轻松很多。

另外，还有一个有效的方法，就是习惯沉默。回想一下，我们平时和别人聊天时，哪怕自己默不作声，只要对方在说话，就不会出现沉默的情况。在一次正常的交谈中，一般不会出现太长时间的沉默。因为，我们对于所有的沉默都会抱有偏见，认为对方“无视自己”“根本没在听”“生气了”“不高兴”，等等。但是，当你在公众面前讲话时，只要你一停止，全场就必然陷入沉默。

因此，我们需要重新定位说话中的沉默。

我在前文中已经提到过，沉默可以产生间隔，可以带来新的槽点。而且，沉默还有让听众的注意力更加集中在你身上的作用。

请试着沉默几秒

大胆地试试沉默几秒吧。在开始说话前、转换话题前、做出一个总结后，你都可以按下这个“暂停键”。

我特别建议你在开始说话之前，有意地沉默几秒。在这段时间里，去寻找反应最大的那个人。这个人在你沉默的时候，会用无比期待的眼神看着你。

当你能够做到“习惯沉默”后，你就有可能再也不会怯场了。

其实，我也是一个很有表达欲望的人，尽管如此，一旦真的站在众人面前，我就会怯场。

因为这一点，我曾有一段时间需要依靠药物来缓解情绪。当初，我在美国的即兴力培训班里遇到不得不上台表演的情况时，我还会提前喝酒来消除紧张情绪。

酒壮怂人胆，上台后我确实做出了一些大胆的动作，但同时我也发现大脑的反应变慢了。我平时就总是忘词，经常大脑“宕机”，这样一来，情况就变得更糟糕了。

后来，我去看了精神科医生，医生给我开了抗情绪不安的药。据说这种药有助于我在人前说话时放松一点。但是，我吃了之后也只是变得更想睡觉而已，完全感受不到医生说的那种效果。

我认为唯一有效的方法是要具备“习惯沉默”的意识，不断积累即兴表达的经验。这样，我就不必“惨”到靠药物来上台说话了。

多聊一句

在公众面前讲话时，要学会利用沉默期。

即兴达人说

在开始说话前、转换话题前、做出总结后，按下话题“暂停键”。

后记

如何用文字准确描述会表达的人和不会表达的人的区别？这件事一度让我感到十分为难。如何将表达的逻辑用精准的语言清晰地表达出来，这是我一直在思考的问题。

毕竟，写作和面对面的培训讲座不同。写作只能通过“图书”这个媒介进行文字说明，而根本无法通过现场演示去传达言辞和语气中的微妙不同。

一开始我觉得这个工作太过复杂，担心仅用文字会有讲不明白的地方。但是，在写作过程中，我逐渐清楚地认识到：表达的逻辑并没有想象中那么复杂，是能够用文字充分说明的。

我希望大家能把这本书定位成一本类似于“介绍英语基础语

法”的书。

即兴表达也有其独特的逻辑和算法。就像英语讲得不地道的人在学习了英语语法后，就能讲出更规范的英语一样，我期盼着更多的人，因为读了这本书，能够进一步提高自己的表达技巧。

那么，从现在开始，试着让身边的人更喜欢听你说话吧。你可以成为一个“一秒风趣开口，一语直抵人心”的即兴表达达人。

版权声明